TRUE TO FORM

# 日常生活中的
# 核心基础运动

DR. ERIC GOODMAN

[美] 埃里克·古德曼 著　穆军 译

献给古德曼一家、福里斯特一家、
布卢姆一家和布鲁姆一家，
献给世界各地的核心基础运动认证教练们，
献给凯伦·里纳尔迪，对您致以由衷的谢意。

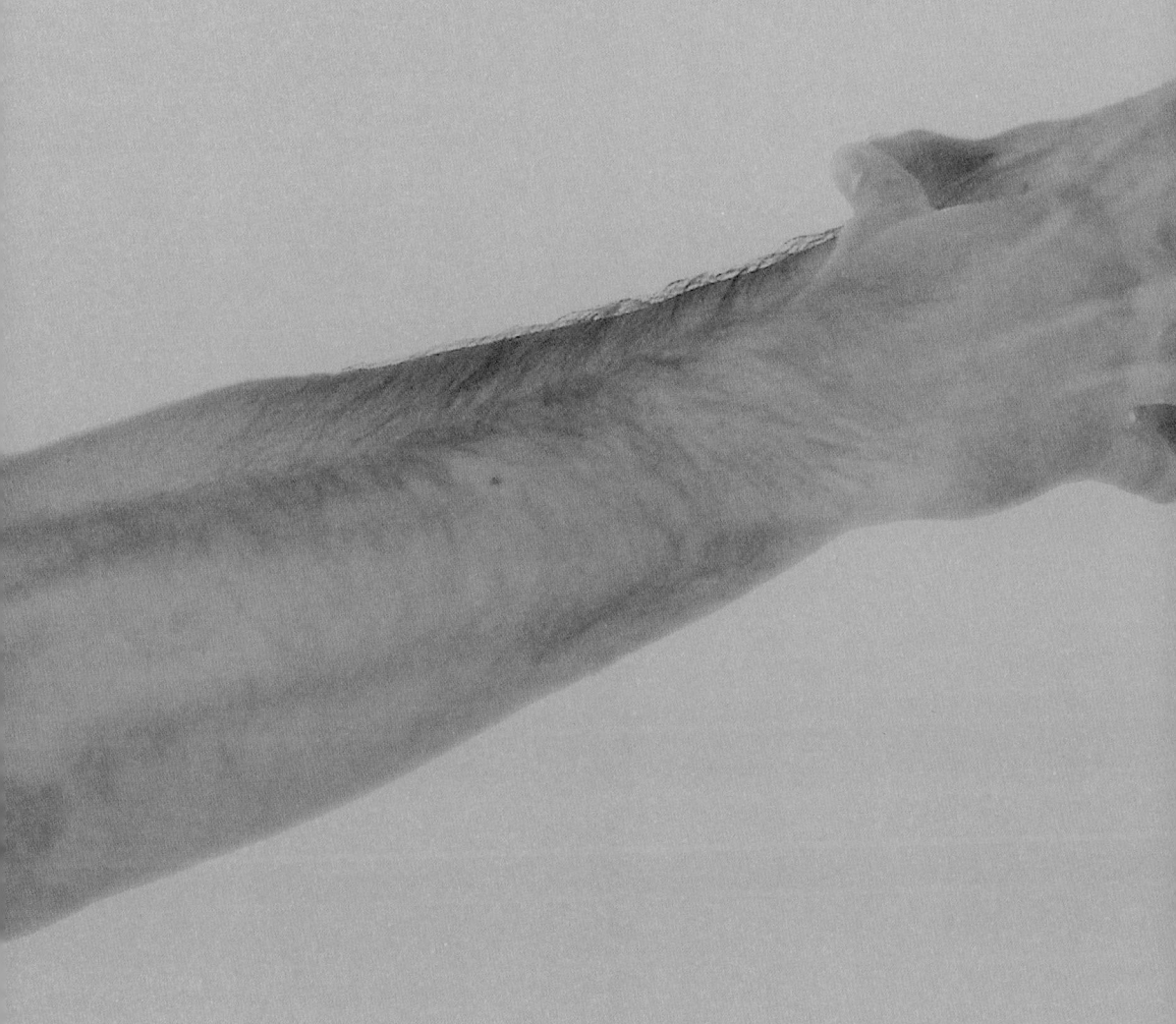

人人生来都是天才,
但是生活把每个人打磨得天才渐失。

——理查德·巴克敏斯特·富勒
Richard Buckminster Fuller

美国建筑师

# 目 录

推荐序 1
导　言　跨越伤痛，表现出众 5

## Part I 受压源于离形

第 1 章　现代生活方式带来的压迫 3
第 2 章　为高效运动而设计的人体 17

## Part II 回归正确身姿

第 3 章　为身体解压 33
第 4 章　学会锚定 65
第 5 章　总结四重奏练习 81

## Part III 永久远离伤痛

| | | |
|---|---|---|
| 第 6 章 | 留心生活，重塑习惯 | 95 |
| 第 7 章 | 跨越伤痛 | 137 |
| 第 8 章 | 如何从娃娃抓起 | 153 |
| 第 9 章 | 每周练习计划 | 167 |

| | |
|---|---|
| 致　谢 | 191 |
| 译者后记 | 197 |

# 推荐序

开始核心基础运动之前,我都提不起要扮演的角色雷神所使用的斧子,至少没有好莱坞式魔法的帮助,我是做不到的。问题发生在几年前拍电影的时候,我弄伤了我的背部,并且情况越来越糟糕。我尝试过各种康复办法和力量练习,有拉伸、静力肌肉塑造等很多,但没有一样给我长期的疗效。我在为了伤情康复而限制锻炼和为了强健易受伤的背部而加紧锻炼之间游走。

之后,我参与拍摄取的电影里的一个特技替身演员告诉了我核心基础运动。他有严重的背伤,是核心基础运动为他铺平了康复之路。我决定试一试。有什么可失去的?反正我几乎尝试了所有东西。

我开始跟着网上的一些训练视频练习。好处立刻显现。接下来的几个月,当我和埃里克开始一对一练习时,我的背部变得前所未有的强壮。多年来第一次,我感到背部的灵活性和力量结合在了一起,而之前它是无比脆弱的。

现在，为了保持状态，我每周做4~5次核心基础运动练习。并且，当我感到背部疲劳、发紧或疼痛的时候也会做。现在我能充满自信地做所有以前做过的活动，不必在任何特别的运动中呵护自己。在埃里克的指导下，我还学会了如何安排自己的运动方式，远离可能引起更严重伤痛的坏习惯。

就像那个特技替身演员，就像如此多的在核心基础运动陪伴下走出伤痛的人，我对康复充满欣喜。更让我感到欣喜的是，我学会了如何调动和使用身体真正的核心肌肉，来让我的身体保持在力量和灵活的巅峰。这是核心基础运动带来的真正礼物，也是这本书的中心。

克里斯·海姆斯沃斯
电影《雷神》中雷神的扮演者

# 导 言

## 跨越伤痛，表现出众

我十五岁时做了右肩关节修复手术。手术过程持续了几个小时，但康复却遥遥无期。接下来的六个星期——在那个年龄就像一生般漫长，我不得不戴着一个巨大的白色支架，靠粘合扣将右臂绑在身体上。上学、放学、白天、黑夜，我都戴着这个支架。当终于拿掉它的时候，我的手臂变得像面条一样细。之后我花了六个月的时间恢复，才能从事钟爱的运动，并花了更长的时间让自己能自在地运动。

那是个很糟糕的体验，也是我决定将美式整脊医疗作为大学专业，并且大学之后又参加研究生课程并开始我的培训的原因之一。

三年后，事实上，那是我临近毕业，就要开始职业生涯的时候，医生再次建议我做手术，但这次是为了治疗让我几近不能动的慢性背痛。那些了解慢性背痛事实和熟悉这些术语的人，会理解下面我要说的：核磁影像显示我的第四和第五节腰椎与脊柱底部的骶骨处有明显的退化。我的第五腰椎和第一骶椎实际上已经直接叠在一起。这很好地解释了这么长时间我几乎不能活动的原因。多年以来，我一直在治疗疼痛这一症状，服用不同的、越来越强力的镇痛药，伴随着物理治疗、整脊调整和那个时候各种典型的康复方法。但是没有进展，什么也没改变。更糟糕的是，药物对疼痛不再产生效果，而潜在的副作用和影响本身又成为健康问题。现在，唯一的办法就是由一个训练有素的专家团队推荐的融合手术——将骨头植入脊柱，融合两节出问题的脊椎，阻止椎节间活动。如果成功了，就可以解除伤痛。

我才 26 岁。肩部手术曾让我半年不能活动，十一年后，"大手术"是我最不想听到的方法。

我也意识到这个情况所具有的讽刺意味，它从另一个角度带来痛楚。我即将开始职业生涯，目标恰恰是治愈身体，避免手术，而我却不能找到治愈自己的方法。"生机勃勃的年轻整脊治疗师接受背部手术"对正在开始职业生涯，致力于帮助他人免遭手术来解除背痛的年轻人来讲，绝不是个好话题。

更主要的是，我不能理解我何以至此。我年轻、强壮，拥有运动员体格。为什么我的身体被伤痛击垮？为什么我26岁的腰椎间盘磨损和撕裂得像96岁的，甚至更严重？

而且，我不只是一个随意运动运动或到健身房训练训练的家伙；我是一个研究身体如何工作的人，一个学习肌肉骨骼系统并研究它如何与人体生理的其他系统互动的学生。我到底忽略了什么？我为什么没能搞明白发生了什么？没能趁它发生的时候意识到它、停止它并使身体转好呢？

我决定搞明白所有这些问题，而不是做个手术。这花掉很多时间，其间有大量的尝试和失败。但这个过程让我认识到有些东西是如此基础，如此明显，却让我花了十年时间去实践，才把它们发掘出来。

我们的运动方式是错的。

更确切地说，我们的运动方式与天生为运动建造和装备好的身体背道而驰。我们许多人长期遭受着背痛，是因为我们没有理解如何以我们生来就经过妥善设计的身体正确地生活。没人给我们一个身体操作手册，并且由于一些原因，我们的直觉也害了我们。

本书就来着手改变这一切。

从我们拥有的身体和我们如何对待身体说起。

# Part I
## 受压源于离形

Off Your

Form and

Under

Pressure

# 第 1 章

## 现代生活方式带来的压迫

让我们先来认识一下哈莉。

哈莉效力于大公司，在宽敞的办公室里做着她喜欢的工作。像我们大多数人一样，工作日的大部分时间她都坐在工位上。办公桌上摆着好几台电脑显示器，哈莉用它们追踪和管理不同的项目、进程和运营活动。她的办公椅很棒，高科技、腰部支撑、背部透气网格、海绵坐垫。她始终坐着办公，当专注地凝视不同的电脑屏幕时，经常坐在椅子的前沿儿。哈莉通常将身体一侧的肘部或前臂放在桌上或大腿上，将另一侧的手和腕部放在电脑键盘上。脊椎向前弯曲，头部向前探出，像在随时准备迎接迎面而来的下一条关键信息。

这就是人们在办公室工作的常见姿势，哈莉是这样，如果你的工作场景类似，你也会这样。在这种工作姿势下，她的腿

部不必支撑身体，腰部取而代之，成为身体承重点，但腰部并不是为这事儿设计的。哈莉感觉到不时发作、愈发严重的背痛，或许就是这种身体功能错位的结果。同时她也感觉到颈部的压力，这无疑是工作姿势造成的，过于前探的头部过度拉伸和压迫了颈部肌肉。

这种姿势被称为"头部前探"（anterior head carriage，有时也被称为"棒棒糖头"）。柏林新博物馆里著名的埃及王后

奈费尔提蒂（Queen Nefertiti）的半身塑像就是这样的姿势，尽管看起来不错——当然，奈费尔提蒂的头需要支撑硕大、加长的埃及皇冠——但事实上这种头部姿势会使头颅后部和枕骨部的肌肉变短，失去协调，从而使颈部紧张。难怪哈莉每天工作结束都想去找按摩师做颈部按摩。她还遭受着头痛的折磨，定期服用阿司匹林或布洛芬来缓解头痛。

但是这些常见的疼痛和伤痛（80%的美国成年人抱怨背痛）对经历着疼痛折磨的哈莉来说，仅仅是个开始，是灾难的冰山一角。即便身体的构造就是用来不断地以各种方式抵抗重力作用的，但在她的生活中很少会这么做，且仅限于局部。这个简单的事实就是灾难的原因。

由于哈莉没有充分地抵抗重力作用，重力就来压迫她。那些为抵抗重力作用、保持身体直立而生的肌肉因弃而废，关节承担了肌肉应该吸收的压力而变得僵硬。身体应有的工作机能倒退，使哈莉的肌肉变得虚弱，关节变得僵硬，这与身体的设计完全是背道而驰。

结果，重力作用下，哈莉曲背含胸，连带胸腔下压，造成躯干缩短，进而腰部弯曲变形。下坠的躯干内，所有器官受到挤压，粘连在一起。整个身体被向前、向内、向下压迫着，失去了协调和平衡。这就是身体任凭重力压迫的结果，是哈莉日常生活的写照。

这种压迫的结果，除了造成哈莉背部、颈部和头部的疼痛和伤痛外，还影响了所有生理系统、生理过程和生理功能。

先从呼吸说起。哈莉的肺部受到胸腔的保护，而包裹胸腔的肌肉组织使胸腔扩展和收缩，呼吸才得以发生。胸腔受到挤压，包裹它的肌肉不能充分扩展和收缩，使得肺部也不能充分完成呼吸过程。因此，哈莉的呼吸就变得衰弱，吸进的氧气和排出的二氧化碳变少，更多的气体残留物留在肺下部的肺叶里。

呼吸不畅当然会影响所有的身体机能。它会中断和阻碍所有器官应有的功能和活动，是当今折磨我们的许多慢性病的直接诱因。它使新陈代谢变缓，诱发伤痛并久治不愈。更严重的是，呼吸是免疫的根基，剥夺了正常的呼吸，也就剥夺了你的身体保护自身免受有害物质影响的能力。所以哈莉经常患感冒。

对躯干的挤压也会影响哈莉的消化系统。首先，它缩小了消化过程需要的空间，影响了身体从摄取食物中获得营养成分的能力。这种压迫还会影响肠神经系统。肠神经系统被称为"人体的第二大脑"或"内脏中的大脑"，驻守并控制胃肠系统，是中枢神经系统的一部分，通过神经递质网络收发身体各部分的信息。这个第二大脑也在很大程度上影响哈莉对健康的感知，当哈莉感到整个身体不适时，她会认为是胃部紧张所致，这就不足为怪了。

对身体的压迫影响整个后肌肉链（posterior chain of muscles），其中包括哈莉疼痛的腰部肌肉、她试图通过室内自行车训练保持紧绷的臀部肌肉和总是悬荡在她时髦座椅下的大腿和小腿后部肌肉。后肌肉链的压迫引起运动变形，波及她整个身体。因为正是通过这些肌肉传递力量，你才能够将身体向前移动，也正是这些肌肉在保持着身体直立和稳定。具体讲就是哈莉终日坐着，因此不能激活后肌肉链做它该做的事。当需要这些肌肉前移身体、保持身体稳定或直立时，她的肌肉呈现出运动机械性弱势（mechanical disadvantage）。这种运动机械性弱势使哈莉几乎不能举起她的小儿子——由于这些肌肉缺乏使用，已经不能有效运动，而她的关节和脊椎则因承受着压力而变得僵硬。哈莉发誓说，她躬身靠近儿子或听到儿子喊她而转头望去时，能听到自己的关节咔咔作响。

哈莉的生活方式强加于身体的压迫，使作为身体机能控制中心的中枢神经系统也受到影响。这个系统包括大脑和脊髓，脊髓位于髓腔，起传输通道的作用。实际上这个传输通道位于作为指挥中心的大脑和身体末端（上肢、下肢和皮肤）之间。密集的导电纤维在脊髓中上下传导，传出和传回大脑。这些纤维承载着来自感官刺激和运动反应的有意识和无意识的消息，在身体通路上往来穿行；必要的时候它们会分流和迂回，以便在身体正确的部位获得正确的反应，然后不断将反馈消息传回大脑。

当脊椎受到压迫，特别是压力落在更靠近脊髓、更粗大的神经部分时，运动反应输出就会变得缺乏效率，跟进的感官输入也会同样缺乏效率。当感官神经通道和运动神经通道都缺乏效率时，这个神经系统就没有了效率，它统领的关键生理过程就会失衡，包括消化和排泄、呼吸、免疫和能量等。让我们总结一下，网状、分支状的神经通路被称作神经丛，这种失衡大多数就发生在神经丛的交叉处。从脊椎伸出、缠绕在一起的神经束控制着很大一部分的身体机能。结果，所有相互关联的通信系统不能有效传导信息，加剧了那些本应维持身体正常运转的器官和身体过程的失衡，使哈莉的身体无法达到最佳工作状态。这些事哈莉是看不到或不能确定的，然而它们就这么发生着。

哈莉的奈费尔提蒂颈部使情况更加恶化。

为什么呢？让我们了解一下迷走神经。迷走神经是十二对颅神经中最长的，也是人体中最长的神经之一。迷走神经指挥着无意识的身体过程，比如心率和呼吸过程的肌肉运动，并调控消化系统的化学过程的程度。你肯定不想让迷走神经受到挤压，让这些身体功能受到影响。但是，当头部压迫向前，颈部肌肉缩短的时候，影响就会发生。当哈莉专注工作时，这种头部前探的姿势已经实质上解释了她的身体现状。

对那些可以明确的不适和病痛，特别是逐渐变弱的背部和紧张的颈部，哈莉倾向于用健身来对抗，把自己投入到相当卖力的健身训练中，包括室内自行车、力量练习和举重。她热衷于腹肌练习，认为这是强化她糟糕的背部的方法，并且她相信

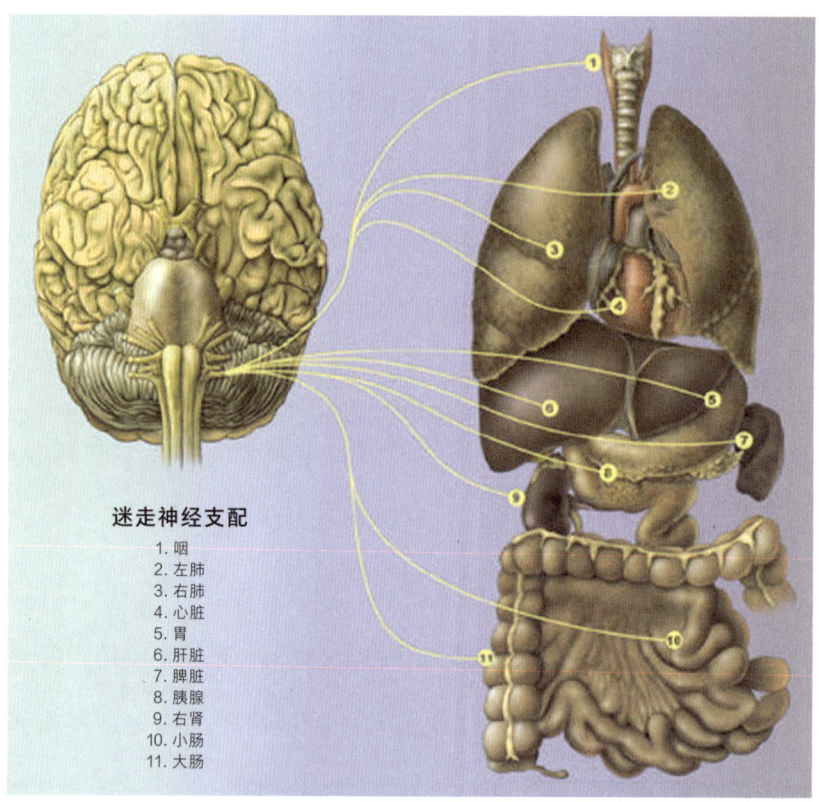

迷走神经需要空间，来让它在大脑和身体各器官之间传递消息

举重练习能让她保持苗条。也许吧。任何一个工程师都可以告诉你一个确定无疑的事实：在已经失衡的结构上再增加重量会进一步弱化它，直至整个结构崩溃。身体同样如此。由于缺乏使用，哈莉的后肌肉链已经弱化，通过腹肌训练强化前肌肉链只会使背部的弱化程度进一步加重。为了变得更健美，哈莉持续增加训练强度，她的腹肌练得有模有样。但是她这样做，进

一步削弱了保持强健身姿以抵抗重力的能力。她的训练强度越大，对疼痛的背部和颈部的影响就越大，迷走神经在肢体和关节处就愈发不适。这样的训练满足了她的精神需求，却损害了她的身体。而这一切都不该发生。

## 人人都是哈莉

问题是，在21世纪发达的工业社会，我们人人都是哈莉。

我们每天大部分时间或是手握方向盘，或是在电脑前工作，或是抓着手机或平板电脑处理短信和邮件，或是晚上在电视机前消磨时间，或是所有这些都在发生。我们不得不做这些事情，我们有吃住之需，我们的家庭需要安全保障；同时，这也是现代社会给我们的福利，把我们从日复一日繁重的体力劳动中解放出来。

这种生活方式的结果是，我们没能让肌肉承担被设计的职能——支撑身体结构、抵抗重力作用，而是承担了些无足轻重的职能。如果肌肉不能充分调动起来起到支撑作用，它就会垮下来将压力传递到关节，让关节支撑身体，然后压力就会压垮我们的身体。关节的设计是为了不同的目的，是在骨骼之间起到灵活的枢纽作用，它不擅长承担支撑身体的任务。总而言之，我们对身体的认知已经不能与我们的身体同步，更确切地说，我们的身体已经不能与设计它架构的初衷一致了。

更糟糕的是，我们的身体已经适应了这种不一致，逐渐演变成对身体的压迫，我叫它盲目的适应性（complacent adaptation）。这种演变的表现方式多种多样，比如长期的慢性病痛、持续性的虚弱、活动能力受限以及疾病的不断复发甚至恶化。所有这些问题，我们可以减轻，但不能根除。错误的身体运动方式，以及因此而遭受痛苦，正是21世纪的我们生活和身体状态的真实写照。

## 压迫，慢性疾病以及医疗系统的应对

我们的医疗系统是如何应对这种可怕的状况的呢？典型的做法是建议我们吃药、接受注射或介入手术。当今的医疗实践在紧急医疗方面表现出色，但对于逐渐发展的慢性伤病却似乎有些迷惑，包括身体疼痛和伤痛，呼吸、消化、大脑功能，运动甚至情绪失调这些当今健康方面的主要问题。

产生这种现象是有原因的。我们的医疗系统是以专业化分工为基础，鼓励研究人员和医疗实践者在各自明确的领域，将他们的专业技能日臻完善。是的，"奇迹"疗法就是这种体制的产物，但代价就是忽视了关注整个身体系统的方法论。就本质而言，慢性伤痛的症状都是碎片化信息。要想把所有碎片放在一起看清全景图，就需要关注整个身体系统。虽然当今越来越多的医疗实践者鼓励将更多的注意力放到这种方法论上，但他们最经常处理的还是局部症状。

病人和医生都倾向于把每一种疼痛当作没有出现过的新问题看待。比如说，颈部伤痛与消化系统紊乱会被看作是两个截然不同、毫不相关的问题。毕竟，它们怎么可能有联系呢？用一种或几种现有的手段解除病人的痛苦，既快又显得富有同情心：药片治疗头痛和颈部紧张；注射治疗背痛和膝部伤痛；当背伤恶化到非常痛苦、影响生活的时候，就做手术。

问题是，治疗效果（如果有的话）顶多是暂时的。药片、注射和手术针对的是单一疗效，但伤痛来自多方面原因，和众多相联系的身体部位有关。更糟糕的是，当我们的身体适应了这种治疗手段——身体几乎有无限的适应能力，我们就需要效力更强的药片、更高剂量的注射，甚至不同的手术操作。就这样不断对症状做出应对，我们的身体问题和最初的病因渐行渐远，不断调整的疗法甚至未曾触及病因。

触及病因意味着使身体回归自然状态。有些事我们可以靠自身来完成，即一种基础的自愈形式，而触及病因则意味着重新学会以身体被设计好的支撑和运动方式，来结构化地支撑我们的身体，有力地运动身体。

事实上，无论我们坐、站还是活动，我们的生理特征是完全适合抵抗重力的。因此，我们可以解除压力，伸展我们收紧的身体，感受充满活力、与生俱来的力量和灵活性。对于现代生活中压迫性的伤痛折磨，解决方案就是回到身体运转的基础，这就是为什么我叫它核心基础运动。

# 第 2 章

## 为高效运动而设计的人体

什么是适合抵抗重力的人体生理根基？什么是被当代生活方式弱化的人体基础结构设计？要回答这些问题，我们需要回望更新世晚期（约 250000 年前至 12000 年前），就是这个时期，馈赠给你、我、哈莉的身体以完美的进化。

更新世时期的人们形成的生理特征很好地契合了他们游荡、觅食的生活，他们几乎不停地活动，去发现、获取和准备食物。古生物学家推测更新世的男人和女人是直立的，白天大多数时间都在活动，每天或走或跑 5~10 英里[①]。

他们的身姿，也就是他们支撑身体结构的方式和肌肉运动的方式，适应了当时的需要。运动起始于髋关节——人体天生的枢纽，这是启动人体运动最有效率和效果的方式。然后躯干

---

① 1 英里约为 1.6 千米。

伸展、胸骨上移，以充分呼吸让肺部充满空气，支持运动的需要。足弓向上支撑起身体，伸长的身体能让猎手和采摘者通过伸长、挺直的颈部看到尽可能远的地方。结构上的完整一致可以让身体拥有同样的稳定性和灵活性，能够用最少的能量支撑自身的平衡和运动，达到最大的效果。这种结构上的明显特征得以保留下来，并世代相传，编码到DNA。自此，这种结构成为人类生理的基础。

在21世纪，除了越来越少的一部分人外，我们不再像猎人-采摘者那样生活。我们不再终日活动，而是越来越像哈莉。但是，那个很早之前就完善好的，为平衡和效率、稳定和灵活而设计的人体结构却并没有改变，依然是我们每个人的安住之所。

## 人体结构的整体化

人体结构的设计从骨架结构开始，包括拉动骨骼和让骨架运动的肌肉。提到骨架结构，我们头脑中很难不出现传统解剖课上的连线骨架，这也是卡通制作者们的最爱。而肌肉在我们的脑海中是和骨骼分开的，只是在收缩时将骨骼拽在一起。这些既有观念并不容易改变，却离真相有点距离。显然，我们的体内并没有金属丝来连接骨骼，肌肉也不是附属。相反，人体是一个活生生的、互连的网络：骨骼连接成能够活动的架构，肌肉承载能量并转化成活动和支撑身体的力量；还有结缔组织和包裹性的生物纤维——筋膜，在它的包裹下，众多相关联的有机系统得以进行必要的生命过程。

人体骨骼实际包含两部分：中轴骨骼和附肢骨骼。中轴骨骼从头部开始一直到骶骨，不包括肩关节，包括头骨、脊椎、胸腔和骶骨自身。骶骨位于髋骨之间的骨盆中点。附肢骨骼包括肩部、手臂、腿脚和骨盆，以及髋关节。

中轴骨骼和附肢骨骼不是互相对立的，而是（也应该一直是）处于我们称为竞争性紧张的状态。这种紧张对于结构整体化的人体是必需的，并且为人体结构设计的核心典范——人体生物力学中的推-拉——做了示例。最基本的推-拉设计从人出生开始就没有停止过：重力把我们拉向地球中心，人体结构则天然地对抗这一拉力。对于中轴骨骼和附肢骨骼的关系，我喜欢用热气球这个比喻：气球和吊篮是中轴骨骼，系绳是附肢骨骼。

升空是热气球的目的所在。为了升起来，它需要不断地向上、向外扩张。它需要升起来并停留在空中。相似的是，中轴

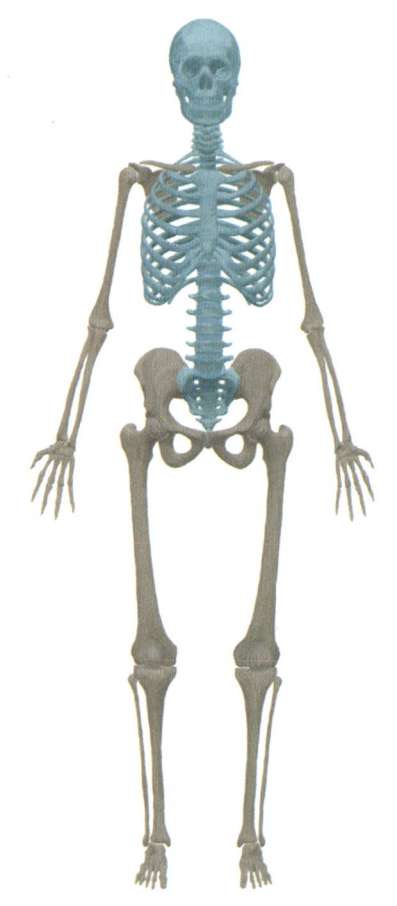

中轴骨骼（蓝色）是由整个脊椎、骶骨、尾骨、头颅和胸腔组成。附肢骨骼（灰色）是由四肢、肩胛骨和骨盆组成。请记住，骨盆是附肢骨骼的一部分。

骨骼，特别是胸腔骨骼，要完成使命，也需要扩张，因为它是保护肺部的容器。胸腔通过收缩包裹它的肌肉来实现扩张。通过肌肉收缩来扩张听起来很矛盾，但它工作的方式是肌肉提拉，也就是通过收缩从伸长状态转为缩短状态。提拉的动

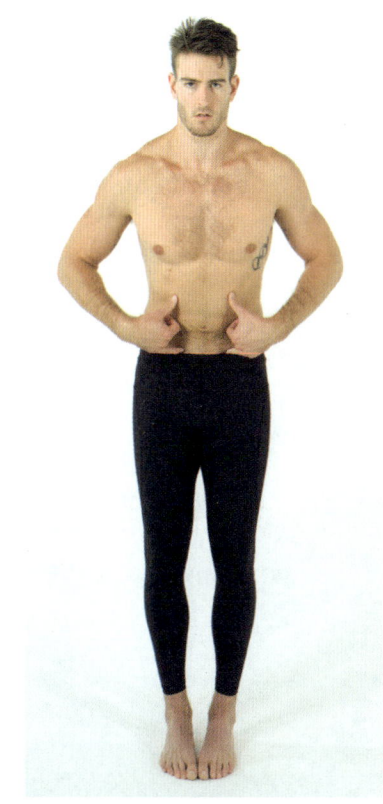

身体会成为难以承受的负担。细微的、压迫性的姿势会改变身体支撑自己的方式。

作会扩张肌肉支撑的胸腔骨骼,使胸腔充满并提升,从而起到保护作用。

　　这个过程的中心在于胸骨向上、向外扩张的同时,该动作也扩展了肩部,使肩关节外旋。这一旋转是很柔和、巧妙的,在一定程度上,肩膀的前部外展,同时后部收缩。由于关节控制的上臂有其自身重量,这一外旋就代表了肩膀对重力持续的

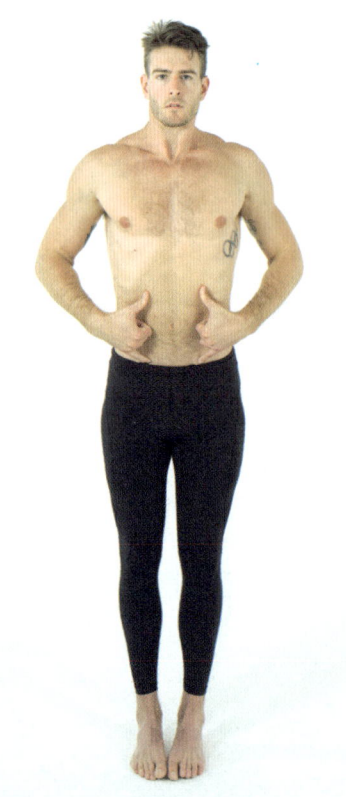

解压的躯干,与之前受压迫的躯干相比,明显改变了肩膀、胸部、腹部和颈部的状况。全身都能感受到这种改变。

抵抗。概括来说,中轴的扩展就是骨骼向外向上伸展,胸骨上移,上肢外旋——这样就给了肺部呼吸的空间并支撑头部和颈部抵抗重力。正如哈莉展现给我们的,如果旋转是朝相反方向(向内),肩膀就会沉落,胸骨不能充分伸展,头部和颈部下垂,继而对健康和幸福造成许多不利影响。

为高效运动而设计的人体  23

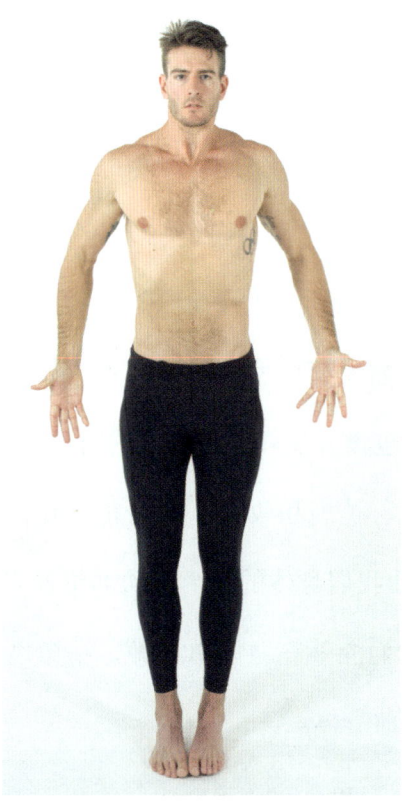

以核心基础运动里的静力姿势来训练背部肌肉，以锻炼维持躯干伸展所需的持久力

中轴的扩展占主导地位，它可以保护大脑和呼吸，因此对于健康生活非常关键。附肢骨骼则像防止气球飞离的绳子，对于支撑中轴骨骼扩展来说至关重要，它通过反向旋转来对抗中轴骨骼的提升。在骨盆翼内侧和大腿内侧肌肉（分别是髂肌和内收肌）的协同拉力的帮助下，骨盆处的内旋会使支

撑脊椎的后部的臀部肌肉和后肌肉链肌肉固定。从足弓到耻骨联合，支撑附肢骨骼的这些肌肉沿着腿部和肩部向上、向内牵拉。就像绳索将上升的气球拉在固定位置，这些肌肉也支撑住身体，实现了它们的目的。

身体骨骼架构的两个部分互相需要：为了成功提供束缚性的支撑，附肢骨骼需要扩展性的中轴骨骼；而为了伸展胸腔和肩部，中轴骨骼也需要能够强力锚定的附肢骨骼。

提升和对抗、扩展和收紧、内旋和外旋，骨架两个部分之间的推-拉张力让我们身体的各个活动部位各守其位，让我们保持直立，并让我们能够在微风中站稳，在微风变成强风时则足够灵活，可以弯曲身体。

## 运动开始的地方

显然，骨架结构锚定的核心精确地落在中轴骨骼和附肢骨骼的交汇处，即骶骨底部髋骨聚合之处，尾骨的正上方。这个地方就是耻骨联合，身体的重心。你可以这样定位重心：大约在肚脐下方 5 英寸[①]的位置，是人们习惯上认为的人体中心；如果你用日本武士的测量方法，则是在肚脐下方三指的位置。

---

① 1 英寸约等于 2.54 厘米。

为高效运动而设计的人体　25

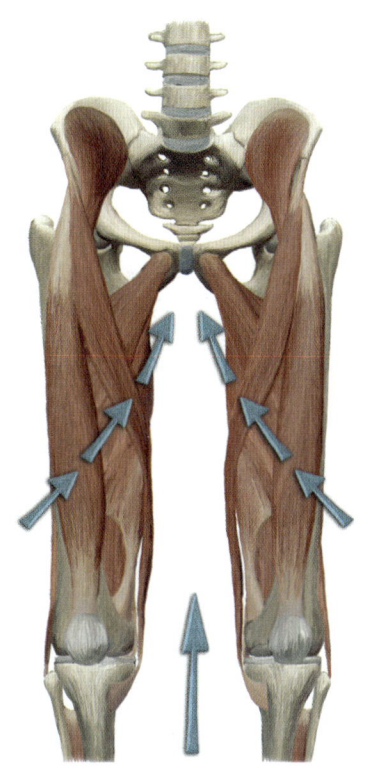

锚定的肌肉组织从各个角度向耻骨联合（把骨盆的两部分牢固地拉在一起的点）的方向上拉。它们的协同作用形成了强大、稳定的重心。

他们称这个点为哈纳（hara），即自身的活力中心。

　　耻骨联合是启动运动的最佳枢轴点，包括站、走、屈身、蹲、提等任何除了坐之外的动作。从此处启动运动，对身体整体的平衡性、灵活性和真正健康也大有益处。人体最有效率和效果的运动就发生在这里——骨盆处，由支撑髋关节的肌肉来启动。每当要用力抵抗重力——换姿势、转向或扭动，这就是运动开始的地方。

## 交流空间，备用空间

大脑控制运动中的每个单一小动作，它不断从身体的整个生物系统接收输入的感知信号，然后通过高度复杂的网络将反馈传递到最深最远的区域。这种反馈以化学反应、指导细胞修复或生长，以及合成必需营养物质的形式进行。更新世时期进化形成的人体网络起始于宽阔的脊髓腔，它为往来于大脑的信息传送——感知神经输入和运动神经输出——提供了宽阔的通道。然后这个通道扩展出几乎数不清的分支和迂回的路径。沿着这些路径，能量传输汇合点重新分配神经递质的方向，以便让每个信息都能到达正确的位置。对于这个网络来说，顺畅工作的前提就是空间——神经递质的传导需要的空间，以及神经输入与输出点周围的空间（可使分配、分支和迂回顺利进行）。

空间越大，流动越畅通；流动越畅通，交流越高质高效；交流越有效率，身体越有能力对改变的环境状况或时机——比如将食物转变成能量的需要，去感受害怕和痛苦的需要，去跑、去获取的需要——轻松地做出反应。

身体是如何为信息传递和营养运输维持空间的呢？让自己

在结构上尽可能地伸长、加宽。化石证据表明，虽然更新世的人类祖先在身材上要明显比现代人矮小，但他们保持着修长的身形。他们的躯干充分伸长到整个脊椎的长度，从头骨一直到耻骨联合。这样不仅在身体内腾出空间，也稳定了脊椎和支撑它的后肌肉链，使髋关节更容易活动。更新世的男人和女人的呼吸更深长，因为他们需要呼吸为行走和奔跑提供更多的氧气。通过上提和扩展前后胸腔，他们保证了呼吸的空间，与此同时，支撑附肢骨骼的肌肉在胸腔骨架上提时保持伸长状态。结果就是个体的自然身姿和休息时的姿态，都是为高效运动和随时对环境的微小异动做出反应而设计的。

## 迈向未来，抑或回到过去？

时间流逝，万物变迁。我们的运动方式也是如此。农业革命以来，我们的祖先不必再终日奔波来寻找食物。而工业革命期间，人们在工厂终日做着同样的动作。到了今天的高科技时代，哈莉的生活方式成为典型。

然而，人体的生理基础并没有本质的变化。花了几十万年进化的生理基础，不可能只在约一万四千年间就发生明显的改变。这意味着我们还拥有有效、高效运动身体的生理能力——

尽管依当代的生活方式，也似乎不怎么重要了。我们疏于使用并默许这许多能力的丧失，结果就是疼痛和健康的日益恶化。

如果我们能使身体回到起始时的生理基础，我们就能恢复这个基础所赋予的能力，从而可能反转因疏忽而产生的不利影响。这就是核心基础运动的目的，具体来说有两个目标：一是用解压的动作来放松和伸展身体，释放身体因不能充分抵抗重力而郁结的压力；二是通过锚定的动作来加强身体保持直立，以及在各种运动坐标中保持稳定与灵活的能力。

## Part II
## 回归正确身姿

Return

to

Form

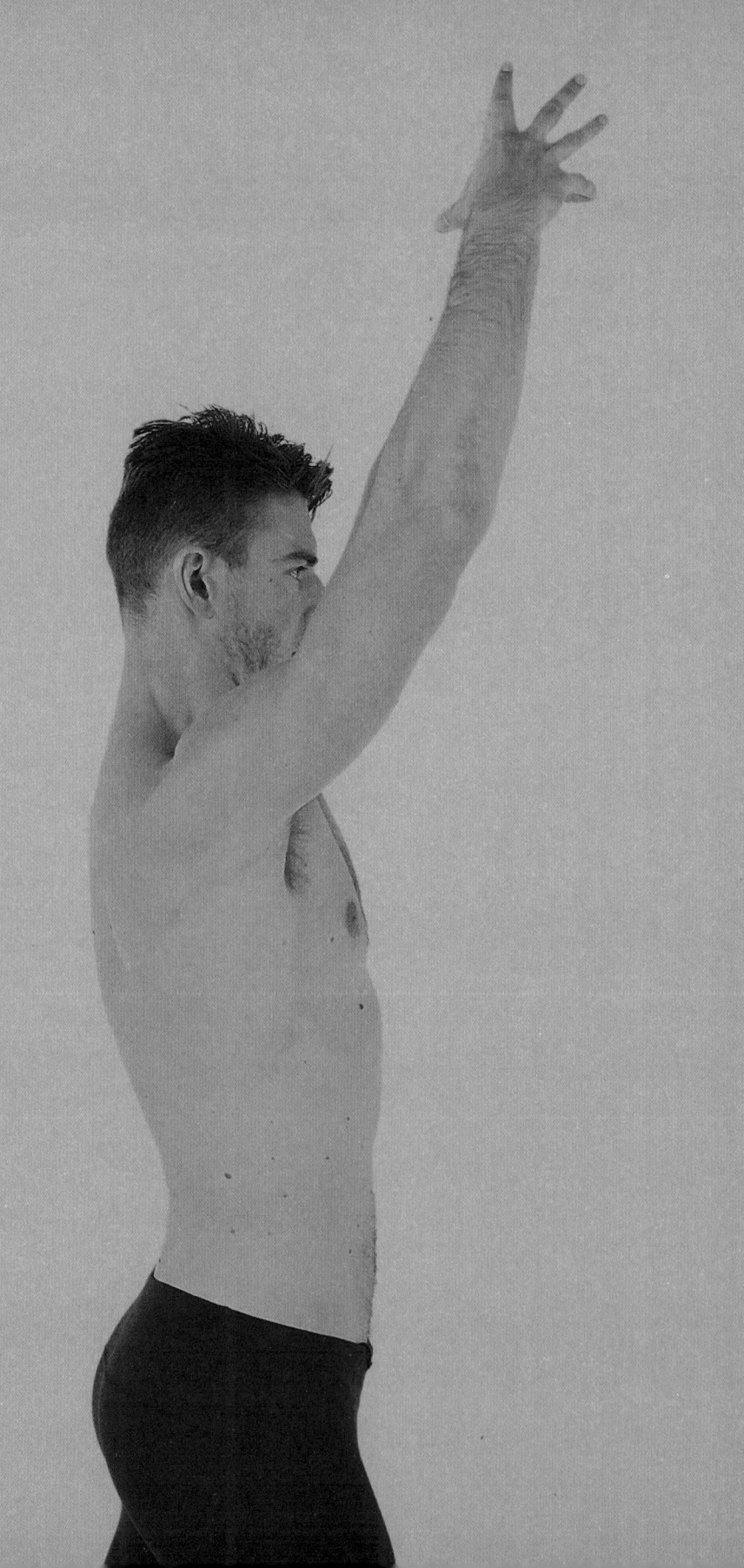

# 第 3 章

## 为身体解压

现在,做三次深呼吸。呼吸的同时,要注意你是如何做的。过程是怎样的?空气流动到何处?持续观察,因为这个章节都是关于呼吸的。到这章结束,我想你的呼吸也许会有所改变。

之所以用一个章节来讲解呼吸,是因为呼吸对解压至关重要,也是解压练习的关键元素。在重力的过量压力下,身体会因受到压迫而僵硬,于是正常的呼吸受到抑制,而每一次的运动和站立也都受到限制。只有肺部膨胀到具有一定的含氧量,才能为肢端提供足够的能量去做它有能力做的每件事情。而只有胸腔尽可能的大而宽阔,才能确保肺部的这个功能。因此,练习的目标就定在重新教会中轴骨骼扩张,使精确有效的呼吸得以发生:重新训练胸腔周围的滑车系统,赋予它最大的力学优势,使胸腔尽可能变得宽大,以便肺部能成功胜任工作。就是这么简单。

这项练习势必要改变我们身体的运动模式和姿势习惯，因此开始时并不简单。在某些时候，改变可能非常剧烈；而几乎在所有情况下，做出改变都不是那么容易。

可以理解。我们多年默认的"自然"身姿事实上是受重力挤压和限制的，这促使身体出于自我保护而做出反应，因而变

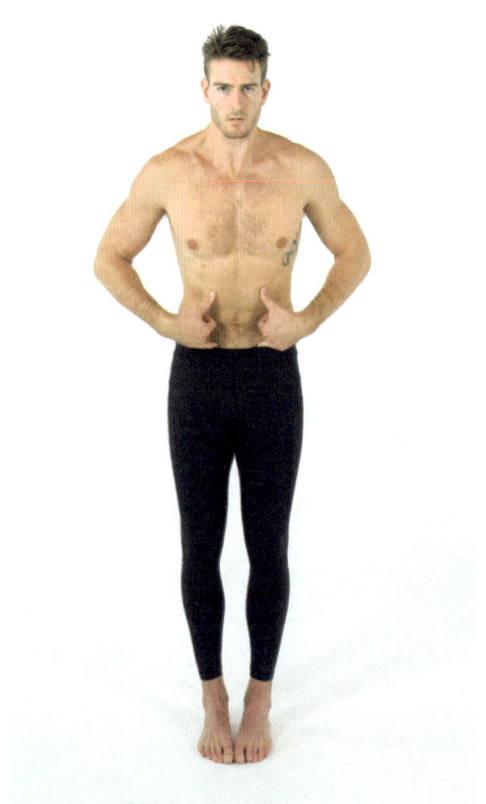

当你呼吸的时候，头部向前倾斜的姿势使胸腔和胸骨沉重地压迫到每一次呼吸。

得僵硬。解压运动能够直接应对这种僵硬状况，同时也需要不小的努力来把整个人放松下来。

所以重要的是搞清哪里是该努力的地方，哪里是肌肉发挥作用、力量与能量运用的所在，即哪里是解压练习的目标。重新训练身体中轴骨骼对身体有什么要求？这个训练我们期望得

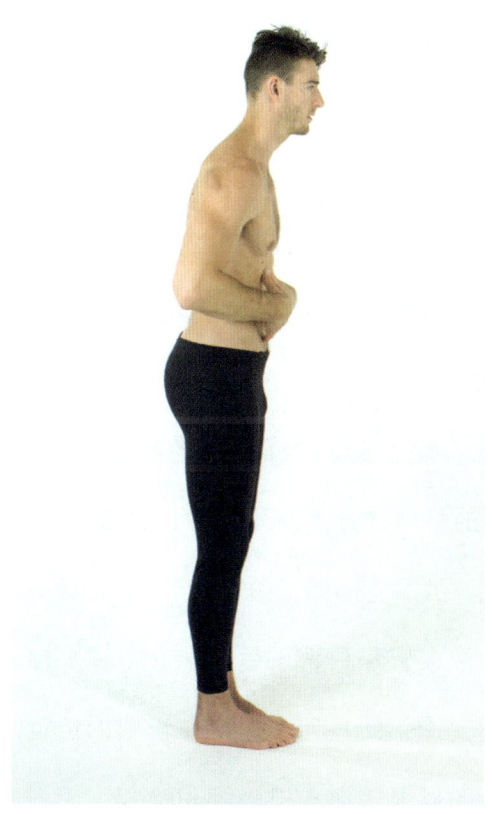

头部前倾的姿势（侧面观）。注意他的鼻子和脚趾在胸前同等距离处。解压呼吸方式可以纠正这个长期养成的姿势。

到什么结果？在解压训练里，三个方面需要特别关注：头部的位置、横膈膜式呼吸和保持腹部伸长而紧绷。

## 头部位置：头骨后部的空间

作为本章所有练习的核心，在解压呼吸中要这样定位头部：将头颅后部（即枕骨）从脖颈处提升。可以试想将头骨与尾骨彼此拉离到尽可能远的位置，然后定位头部，就可以拉长头颅后部与脖颈间的距离。

观察哈莉的情况可知，这样定位头部的一个原因是，中枢神经系统的重要分支从大脑通过枕骨向下延伸到脑干，再到脊椎底部，信号会沿着这个通路到达身体其余部分。如果头颅后部落在颈部，并因此占据原先的神经通道通过枕骨到达脑干的空间，那么这个过程便不能有效发生。

同样重要的是当枕骨落向颈部时，肩部的角度会发生变化，造成肩部下垂。虽然肩部属于附肢骨骼，但它附在中轴骨骼上，前倾的头部就像奈费尔提蒂王后的半身塑像那样，减少了中轴骨骼对肩部的支撑，使其无法保持在正确的位置上。于是，肩部下垂，垂落的肩部转而压迫胸腔和锁骨，控制肩胛骨角度的胸小肌因而缩短。当胸小肌变得过短的时候，它们将肩部拉向

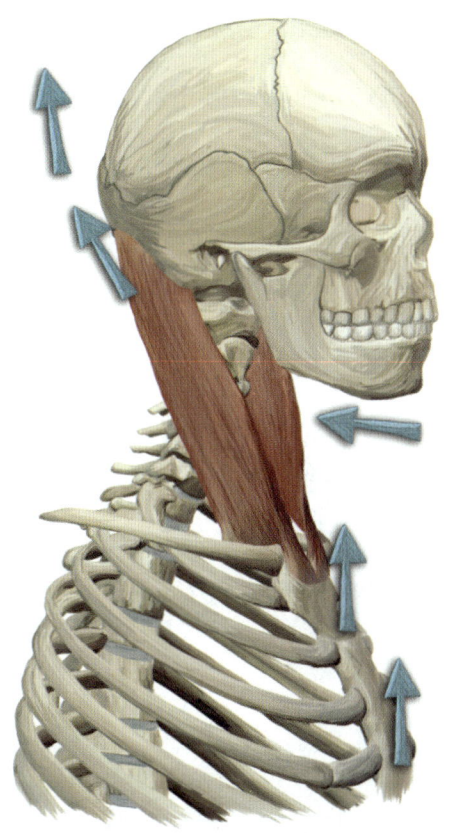

为了让胸锁乳突肌发挥最大功效,枕骨底部必须从颈椎背侧的骨凸起部位向上提拉。

前面,使其像斗篷一样将胸腔和锁骨盖住,这就是在我们中极常见的圆肩。人们通常认为是紧张的胸小肌将肩部拉下来,但实际上是另一种情况:肩部下垂使胸小肌缩短。一段时间后,下垂的肩膀会使胸小肌习惯缩短的状态,而这往往引起可怕的后果,包括手部麻木和刺痛、当手臂举过头时脉搏减弱、上半身虚弱。有时甚至下颌也会出现状况,因为前倾的头部需要不断上扬来找到水平方向,进而影响了下颌的角度。

将头颅和耻骨联合之间的距离拉长,朝相反的方向对抗着用力,头部就可以在颅骨下留出空间。下面这个图片中的女子

可不是奈费尔提蒂王后，而是一个高雅的上流社会年轻女子。她正头顶着一本书，努力保持平衡。从许多方面看，这张来自特定年代的照片可能有些复古。但是这种练习方式，以让肩部、胸腔和呼吸受益的方式，解放、延长并强化了中轴骨骼。

## 横膈膜式呼吸

这些练习的第二个目的是将胸腔壁拉离中心，使胸腔尽可能地扩展、充满，这一练习特别针对呼吸过程本身。胸腔承载着心脏和肺部，是人体的一大腔室。横膈膜启动呼吸过程的扩张，它通过收缩来扩大胸腔，增加胸腔的容量，使吸气时空气被吸进肺部。这个章节的解压练习关注的是让胸腔从中心充分外扩，充分膨胀，特别是确保空气灌进胸腔底部，这是压迫下的呼吸很少做到的。

当横膈膜放松时，呼气发生。但是对于重力压迫下的身体，起到放松作用的后锯肌很容易倾向坍塌。横膈膜的放松是很必要的，锯肌的作用则是促使它发生。但压迫使钟摆向松弛的方向摆得太远，以至于整个沉落下去。本章解压练习的目标正是通过重新训练锯肌，保持胸腔扩张更长时间，更多地呼出气体，从而将钟摆带回平衡。

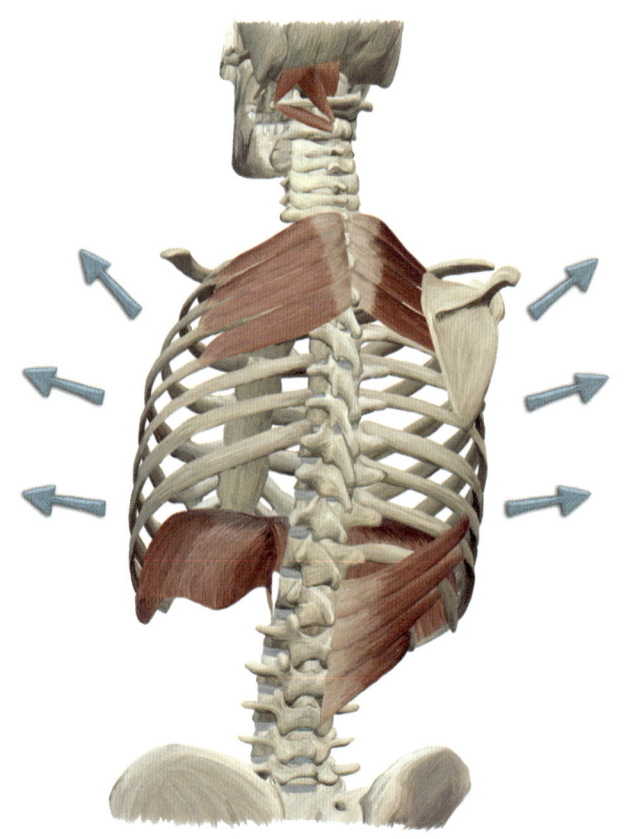

横膈膜与胸腔外缘远离中心向外扩张的关系。这种始终如一的外扩和代谢活跃的肌肉运动紧密相关。

现在让我们将整个过程当作一个整体。吸气时让空气进入胸腔的每个角落,使它扩充到最大的程度;呼气时让气体从胸腔上部直到底部缓缓排出,以便使胸腔的扩展能保持到呼气结束。这要求锯肌坚持收缩的时间比受压迫时习惯了的时间更长。因此,这代表了肌肉活动习惯的明显改变。

有观点认为这种让胸腔工作更有力的变化，还可以使呼吸过程更有效、让身体获得更稳定的物理结构，这还有待研究证实。现在是时候将这些研究向前推进并深入分析这些经验意味着什么了：更加扩张的胸腔能让肺部获得更大的膨胀，这对身体结构和健康来讲都大有裨益。

## 腹肌的长度：长而紧绷的柱体

最后，这些解压练习专注于通过延长腹肌使其在任何维度都成为一个同样长而有力的柱体来强化它。我们知道，因压迫而缩短的腹部会缩短脊椎，从而改变脊椎和髋关节之间的生物力学关系，因而转移了身体的重心。简单来说，缩短的脊椎接替了髋关节应做的工作，即吸收重力带来的压力。这会造成整个身体肌肉收缩的效率降低，通常也会带来伤痛。缩短的脊椎会引起髋关节外旋，或多或少地使附肢骨骼旋离中轴骨骼，为中轴骨骼腾出空间，落入由此而受压迫和缩短的腹部。

这样导致的结果可能是感觉到紧绷的腹肌，甚至能够显现出六块腹肌。但是这种紧绷的腹肌是具有欺骗性的，实际上是不当使用引起的代偿。虽然看起来或感觉上很紧绷，但实际上，缩短和弱化的腹肌会妨碍身体使用髋关节处的肌肉来保持身体重心。

使腹肌重新拉长，发挥它真正的作用和力量，就要从解压呼吸开始。许多学派的不同处就是关于如何最好地收紧腹肌，有力地支撑腹部肌肉纤维下重要的内脏组织的。将下面要讲到的靠解压呼吸来延长腹肌作为起点，所有益处都能加倍获得。

## 解压练习预热

做这个练习的理想情况是身着舒服的衣服，光脚站在地板上或室外平整的地面上。你需要足够的空间或站或躺：平躺时脚距可宽过肩膀，要让腿能充分伸开；上肢能够充分向上向外伸展；站立时足够向前向后移动几步。

关于重复次数和所需时间，可先从为每个动作设定好的最小量开始练习。当你对这套动作越来越自在时，可以很容易地增加次数和运动时间。

最关键的是把动作做对。要取得效果，不是靠多么拼命、激烈地练习，而是在于如何在结构上更好地支撑身体，如何频繁地有力运动。小而频繁的练习量对于在神经层面形成新的习惯效果最佳。

## 解压呼吸

解压呼吸是这些练习的核心。事实上，遵循解压呼吸描述的每个练习，都不过是进行解压呼吸的不同姿势。

显然，把氧气带进血液、把二氧化碳排出的呼吸过程是生命中必不可少的生理任务。被压缩的肺部使这个必不可少的生理过程不能很好或很充分地完成。解压呼吸则修正了它。人体每天大概呼吸23000~25000次，所以即便只做对了少量呼吸过程，也能最大限度地减少肺部的二氧化碳，为氧气留出更多空间，使身体感受更好、发挥更佳。

事实上，我要先给出一个小警示：以我的经验，大约十分之一的人在他们最初尝试真正的解压呼吸并扩充胸腔至最大时，会感到些许头晕。他们不会一直头晕，这种轻微的头晕仅发生在最初一次呼吸，这也可能发生在你身上。在我看来，那些确实经历了这种轻微眩晕感觉的人，他们肺部的肺泡把存留在体内不知多少年的残余二氧化碳赶了出去。解决这个问题的方法是再多做几次解压呼吸，将剩余的二氧化碳全部呼出。

在做解压呼吸时，若能想象胸腔里面肺部的情况是很有帮助的：一对肺泡准备好被吸进的空气充分充满。胸腔由肋骨搭

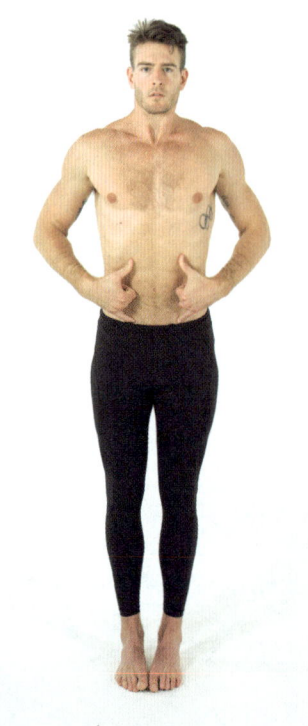

将拇指放置在胸腔底部,将小指放置在骨盆顶部(髂前上棘)。用这个动作作为基本解压呼吸的衡量方法。每次吸气都应该增加手指之间的距离,每次呼气时则要保持这个距离不变。

建,形成椭圆形柱状结构,保护着肺部。它提升得越高,四周就扩展得越宽,越有机会完成肺部的充分膨胀。当你开始解压呼吸时,把这些记在脑子里。

确保头部从颈部提起并固定,为头颅后部留下空间。为了做到这点,想象将头颅到尾骨的长线拉紧,保持下颌收紧,拉长脖颈。可以双手采用沙加(Shaka)手势作为帮助:将拇指

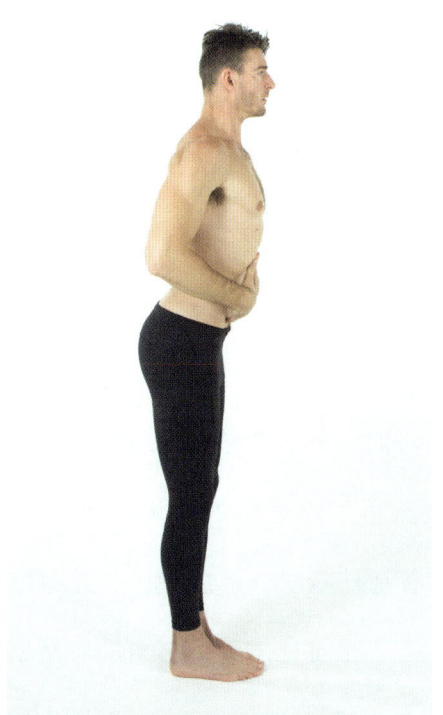

胸骨提升，下颌收回。让髋关节略为向后，支撑身体。

放在胸腔最下方的肋骨上，小指放在骨盆上沿。拇指和小指间的距离应随着核心基础运动中的呼吸而增加。

吸气。不要耸肩或提升肩部，而是提升胸骨。在你压迫腹肌，肚脐内收的同时，让吸气过程将胸腔从髋部提升。胸腔向前后和四周均匀地扩展，将空气带入肺部，这时不要忽略胸腔背后更靠下的部分。你感觉想要胸腔骑在吸进的空气上，并充分张开。你需要感觉到胸腔在肺部充满的过程是随吸气从底部上升的，而不是从上面拉起的。

呼气。当你呼气时，腹肌收紧，尽可能长时间地维持胸腔的扩张和提升。保持你吸气时延长的肌肉的张力，让肺部从胸腔顶部到底部，一步一步收缩。

解压呼吸练习每轮最少做三次。在任何方便的时候都可以做。请保证在早上醒来、下午和晚上上床前，以及做每个核心基础运动练习时，都至少连做三次以上解压呼吸。

解压呼吸虽然用生物力学的知识很容易解释，但对我来讲，它始终存在着某种魔法。扩展胸腔，让空气充满肺部，站高来抵抗重力，这是通向身体灵活有力的自然姿态的门户。当胸腔以各种方式尽可能扩大，中轴骨骼从头颅到尾骨得到延长，你更有可能保持躯干的伸长和强壮，因此所有身体部分都得到了支撑。

## 七个解压练习

本章余下的练习将解压呼吸融入七个不同的姿势中，以七种不同的方式帮助身体对抗重力，同时也将其融入中轴骨骼所支撑的对于肩部的修正训练。其中两个对抗重力的姿势要求直立、头朝前完成。还有两个是在地平面上与重力成90度：仰卧，强化身体前部；俯卧，强化身体后部。第五个是跪姿，挑战重力。第六个用坐姿，这也许是现代生活最常见的，很遗憾也是最不健康的姿势。同时每个姿势也帮助扩展躯干内部空间，为组织和器官赢得更多空间，使人体正常运转。

第七个练习叫肩部追索（shoulder tracing），是挑战肩部完全旋转的分解动作，强化受分解动作影响的相应肌肉群。肩部变得圆而僵硬时，就不能旋转自如；而肩部垂落时，则会压迫支撑它们的中轴骨骼。因此，尽管肩部是附肢骨骼的一部分，但肩部追索练习会影响整个解压过程。

1. 站立解压

站立解压姿势可以直接对抗重力。

双脚平行站立，大脚趾碰到一起，脚跟分开 1~2 英寸，重心放在脚后跟上。保持双臂在体侧，肘部微屈，手掌向前，大拇指外旋，使胸部和肩部打开。

确保你的脚扎根在地板上（当然，如果在户外，就是扎根在地面上），重心在脚后跟。这样做的目的，是让你从扎根的位置通过呼吸升高自己。

以解压吸气开始，提升并扩大胸腔，尽可能地扩展。保持头颅后部留有空间，保持下颌收紧、颈部伸长。呼气时保持这种扩展，腹部向中心内收。

每次重复时，都尝试让自己变得更高。

每次完整的解压呼吸——包括吸气和呼气，宜用时 10~15 秒。

---

**最小量：每分钟做 1 个循环，每个循环重复 3 次**

为身体解压 49

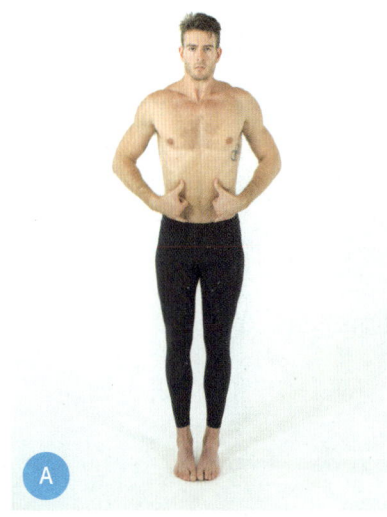

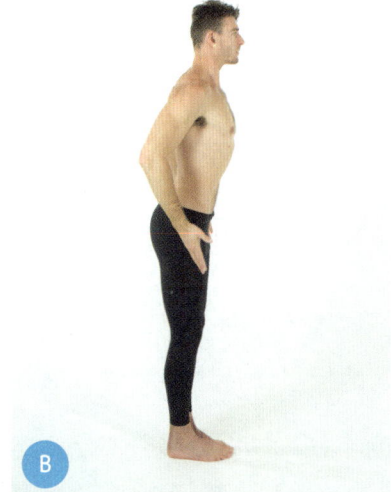

A. 站高，大脚趾球部贴在一起，脚后跟分开1英寸，和骨盆在一个平面。

B. 打开双臂，肘部略微弯曲。用上背部和中背部肌肉来扩展胸部。两个大拇指指向相反的方向。

C. 提升双臂的同时保持颈部放松。当双臂提升时，向上向后推动头部。扩展躯干，将大脚趾球部压紧地面。

### 2. 跨步解压

从站立解压姿势过渡到跨步解压姿势很容易。这个练习很可能让你感到腹部伸长。

右脚往前跨一步或左脚往后跨一步，就切换到了跨步站姿。跨步的长短不是很重要，只要双脚指向正前面，髋部方正即可。前脚掌平放在地板上，后脚脚跟抬起，脚趾抓住地板。

直接向上举起双臂，高过头部，手指尖触在一起。双脚压入地板。保持这个姿势，做30秒解压呼吸。然后再做两次30秒呼吸。每次吸气，都使胸腔更加开阔，并努力站得更高。一次比一次更高、更开阔。在呼气时保持高度和开阔度。

3次呼吸之后，放下你的手臂，从跨步站姿回到正常站姿，然后换腿做跨步解压。左腿在前，右腿在后，髋部方正。左脚平放在地面上，右脚脚跟抬起。接着，向上举起双臂，指向天花板，双手指尖相触做三次解压呼吸，一次比一次站得更高，一次比一次胸腔更扩展。这时，随着躯干的提升，腹部很有可能一次比一次紧绷。

**最小量：重复3次，每次30秒，每条腿上做3次呼吸**

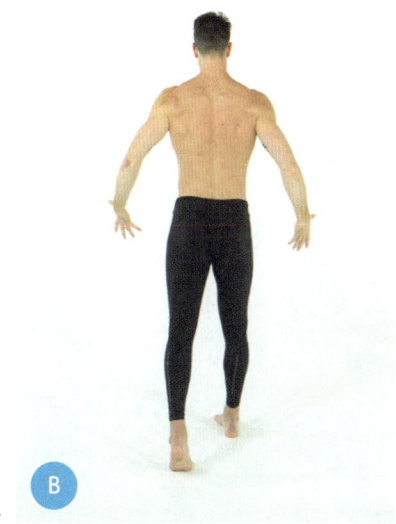

A. 站高,大脚趾球部贴在一起,脚后跟分开1英寸,和骨盆在一个平面。然后,一脚向前,一脚在后,站得高而有力,保持髋部方正。

B. 打开双臂,肘部略微弯曲。用上背部和中背部肌肉扩展胸部。两个大拇指指向相反的方向。

C. 提升双臂的同时保持颈部放松。双臂提起时,大腿内侧向身体中线夹紧。

### 3．仰卧解压

实际上，仰卧解压就是站立解压的仰卧版本。这个姿势垂直于重力，提供了更大的面积分散压力，重点落在身体前面的肌肉，在解压呼吸时来延长躯干、扩展胸腔。

仰卧躺下，双脚平行，触碰在一起。脚前部弯曲，拉向胫骨。微屈双膝，使大腿内侧夹紧在一起即可。开始解压呼吸。吸气时，胸腔扩张，胸骨提升，躯干从髋部伸长。呼气时保持扩张。

**最小量：重复 3 次**

A. 以放松的仰卧姿势开始,然后将双脚双膝触碰在一起。如果无法使双脚双膝紧挨在一起,至少要保持将它们靠在一起的努力。

B. 双膝适度弯曲,帮助髋部和大腿内旋,直至腹股沟处的肌肉疲劳。保持这个姿势。

C. 夹紧大腿内上侧肌肉,不要夹紧臀部肌肉。在脖颈放松的前提下,将双臂提拉至胸前。深呼吸将扩张你的胸腔后部,使其更加贴合地面。

### 4. 俯卧解压

俯卧解压是仰卧解压的相伴练习。它以身体能够呈现的最扩展的姿势,进一步强化身体前部。

俯卧下来,双脚平行,触碰在一起。脚尖勾起,让足弓适当拉伸。将膝盖和大腿内侧向身体中线夹紧。双臂在身前伸出,手指压向地面。当你向上提升胸腔时,将前额和鼻子一并抬离地面,确保头部的位置为头颅底部留出了足够空间。

呼吸。吸气时扩展胸腔,从髋部拉长。呼气时,保持扩展,收紧腹部。做4次解压呼吸,每次呼吸,拉伸胸腔更多,收紧腹部更多:将指尖压向地面,膝盖努力夹向身体中线;摆放头部时,将下颌收回更多,颈部延长更多;将脚部拉伸得更长一些。4次呼吸构成一次循环。

---

最小量:3次循环;一次循环为4次解压呼吸

---

为身体解压　55

A. 以俯卧开始，将腿脚并在一起。在整个俯卧解压练习过程中，脚趾和膝部均应留在地面。

B. 将下颌和鼻子从地面拉起，不要伸展颈部往上看。保证颈部延长、下颌收起。双臂前伸。

C. 双臂前伸，双臂之间的宽度舒服即可。手指压向地面，将手腕和肘部拉离地面。你的腹部、颈部、胸部、双臂和肩部的肌肉应感到疲劳。这不是瑜伽体式中的眼镜蛇式或超人式的背部伸展。这个姿势意在延长（lengthen）脊椎，而不是伸展（extend）它。

### 5. 跪姿解压

将身体切换到跪姿。保持重心在膝部，在膝盖下面垫上垫子或卷起的小毯子。双膝与髋部同宽。双脚在身后，身体尽可能拉高。收紧胫骨肌肉，脚跟指向正上方。

确保整个身体重量放在膝部，而不是放在脚上。如果重量到了脚部，你就会更多地收缩腹肌和髋屈肌，而不是后肌肉链，而后肌肉链是在跪姿时保持身体直立的关键。因此，保持重心在膝部，进行深度解压呼吸，髋部慢慢向后转折，直到感到背部肌肉和髋部肌肉支撑你的躯干重量。

对于对站姿练习有困难的人来说，这个练习大有裨益。对那些身形高大、已经忘掉如何高效地屈曲髋关节的人，这个练习也会是极大的挑战。

当正确练习时，这个姿势会让你感到自己即将前倒，而后肌肉链则会阻止这种趋势。

---

**最小量**：重复 3 次，每次 3 个呼吸

为身体解压 57

A. 跪在垫子或浴巾上。保持身体重量压在膝部，脚趾轻触地面。如果脚趾抬离地面，努力保持住平衡。下颌收起，胸部提升。如果这个姿势很痛苦，就放弃这个练习。

B. 髋部向后转折，躯干向上向前提升，平衡重心。保持身体重量压在膝部，保持脚部轻盈。

C. 将髋部拉向后部的同时，将双臂前举，对抗髋部的后折。进行解压呼吸的同时，保持力度，扩展躯干。

### 6. 坐姿解压

这个当然是最困难的解压呼吸姿势。练习几次之后，你甚至可能会出些汗。事实上，你应尽量努力地练习，好让自己红光满面。

如果你练习的座椅是能调节的，一定将椅背设成能支持你躯干直立的工具。

如果没有这个工具，就往前坐，勿靠椅背。重量压在坐骨上，身体尽可能地坐高。如果可以，就伸出双腿，但脚后跟留在地面，脚趾拉向胫骨方向。双膝夹紧，如果可能，利用工具会让这个动作更有效：将一个矿泉水瓶、卷起的毛衣、一本书，甚至一卷纸放在双膝之间。

注意为头颅后部留出空间：下颌内收，颈部伸长。将双手放在身体两侧，准备好测量小指和拇指之间的距离。当吸气到顶的时候，测量胸腔底部到骨盆顶端的距离。开始解压呼吸，在胸骨随呼吸上移的同时，扩展胸腔，伸长躯干。双手测量胸腔底部和骨盆顶端的距离，然后开始吐气。收紧腹部，呼气时维持吸气时达到的距离。当然，每次练习时，依然尝试在呼气时继续扩展，让自己提升得更高，腹肌更紧绷。

**最小量：3 次呼吸**

A. 坐在椅子边缘，尽可能坐直。

B. 脚踝在膝盖正下方，夹紧双膝和双脚。

C. 尽可能坐高，夹紧双膝，进行 3 次有力的解压呼吸。

D. 将双臂带到胸部高度，形成一定程度的张力。再进行 3~5 次解压呼吸。如果需要，继续重复。

## 7．肩部追索

在这个练习里，通过追踪肩部自然旋转的轨迹，纠正肩关节由于过度内旋造成的垮塌。内旋会使支撑肩部的肌肉变短，特别是胸肌和胸锁乳突肌——位于肩部上方、始于胸骨和锁骨的厚实的颈部肌肉。肩部追索挑战肩部肌肉，推动肩部达到肩关节能力所及的范围，完成平顺的动作。由于躯干上方的肩部有一定重量，所以中轴骨骼想要适度扩展就需要重新定位肩部。这就是为什么这个动作对解压如此重要。

这个动作由拇指引导，以肘部作为杠杆进行伸展。做肩部追索不需用力，也不需施力，并且能帮助你解除肩部受到的伤害。要点是在整个运动中练习解压呼吸。

双脚分开站立，双臂在体侧，手掌向后，肘部弯曲，大拇指抵住两侧的身体中点。髋部后屈。

以拇指作为指引点，沿身体两侧向上追索，肘关节弯曲加深，肘部向两侧外展，互相远离。确保双臂与躯干在同一平面，不要向前或向后，保持腕部伸直。

当拇指到腋窝的位置时，停止拇指追索，但保持肘部上升、上升、再上升，双臂和胸骨成斜角，双手手背靠向脸的两侧。

外旋肩部直至双手到达颈部后面。保持头部和颈部后收，颈背伸长。

A. 尽可能站高,拇指压入大转子处,即髋部侧面的骨骼突出点。它比你想象中的位置要低。

B. 当你慢慢提起双臂,拇指在身体侧腹往上追索时,保持肘部距离尽可能宽,颈部放松。

C. 肘部保持向上,尽可能高。不要弯曲腕部,使肘部更高地抬起。通过肘关节将双臂拉升得越来越高。下颌内收,胸部打开。

D. 一旦肘部抬到不能再高时,慢慢将手带到脑后,直到它们能往前往上伸出到尽可能高的位置。再次强调,做这些的时候,不要拉紧颈部。

伸直双臂,高举过头,将手指抵在一起,带有一定的张力。

对自然有力的肩关节来说,要想做出更大范围的活动,肩部追索能发挥显著的促进作用。因此,对通过这些姿势和运动进行的脊椎解压来说,肩部追索也是完美的收尾动作。

**最小量:重复3次**

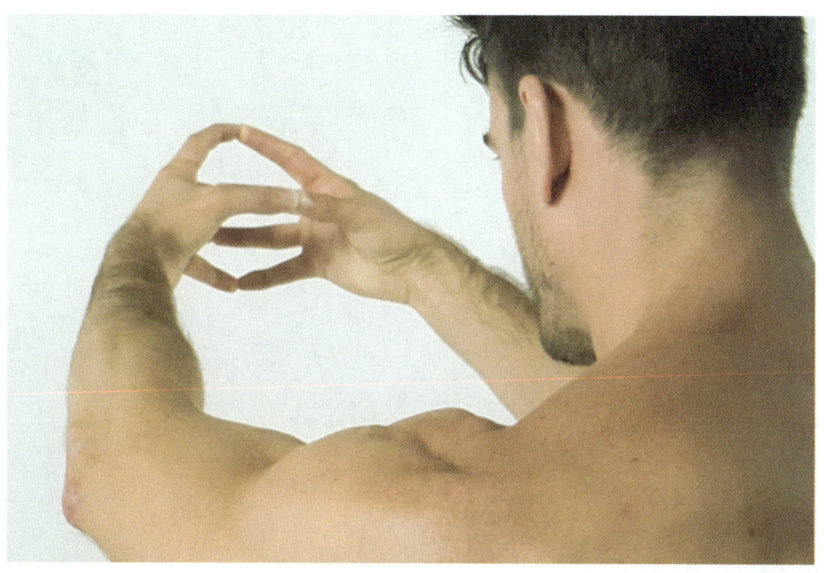

为了保持强有力的张力,可以想象你的双手握着一个充分膨胀的气球,你只勉强能把它整个握住。然后在那个位置,将双手触压在一起。所有手指关节都不要锁死,双手挤压的力量在 5~10 磅①之间。

再做 3 次深呼吸。我打赌现在你会感觉这个过程完全不同,这很正常。现在你知道呼吸为什么以及如何在肺部发生了,肺部需要在可扩展的胸腔保护下的空间,以完成它的功能。因此,对能够自然对抗重力的解压的身体来说,扩展的中轴骨骼是必要基础。

---

① 1 磅约为 0.45 千克。

# 第 4 章

## 学会锚定

把骨盆看作一个基座,中轴骨骼从这个地方上拉和外拉。若要维持住支撑整个骨架的张力,就要有一个与之相等的向下、向外的力,而这恰恰是由附肢骨骼提供的。附肢骨骼的锚定力量可以为中轴骨骼提供一个由骨盆到脚趾的稳定的反向拉力,使人体骨架保持扩张状态。

本章提供的练习将强化和拉长这些起锚定作用的肌肉。它们连接起附肢骨骼的下肢部分和骨盆基座,特别是臀肌、腘绳肌、髂肌和内收肌。这些肌肉使我们保持直立,并且作为活动髋关节的肌肉,在各个方向通过不同平面和轴心,以旋转、伸展和弯曲的动作来驱动我们的身体。当这些肌肉将骨盆底部和大腿骨向着彼此牵拉时,便拥有最佳的力学优势,而这恰好是这章练习的目的所在。

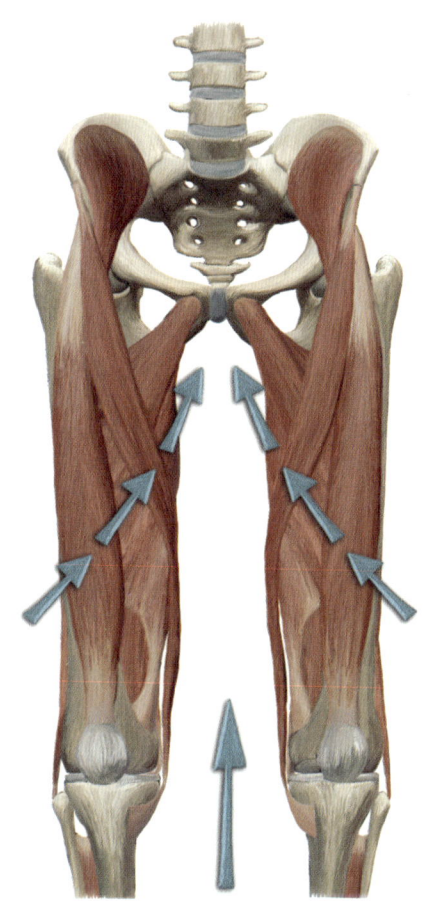

锚定肌肉是用来提供对髋部外侧肌肉(如臀肌)有益的反向作用的。如果你的臀肌和大腿后部肌肉习惯性紧张,强化这些锚定肌肉可以长久地解决问题。

共有四项练习。为确保这些练习尽可能达到最优的运动效果,我们从内侧腿部追索练习开始。上一章的肩部追索练习针对肩部外旋来进行分解动作,内侧腿部追索练习则是针对髋部内旋的分解动作,这可以收紧大腿内侧肌肉,以便对用来伸长和增加力量的髋部外侧肌肉产生自然的交互作用。这些腿部追索练习让整个附肢骨骼为接下来的锚定练习做好准备,并让身体摆好姿势,使你做的每个练习都能达到最显著的效果。

锚定练习中还能获得强化的是脚部。当今的生活方式没有给我们什么机会强化脚部,这也可以理解,毕竟我们花了许多时间和金钱为脚部行走在路面时提供保护,避免受伤,但结果却使脚部失去了抓地力量和灵活性。我们只是或多或少地把它们踏在地上,好像它们是没用的附属物,而这样做,还真有使其成真的危险。事实上,脚部肌肉是在重力包围之下锚定身体的关键:脚趾在卷动和屈曲时能够也应该抓住地面;足弓的肌肉储存能量,在跑步冲刺时发挥作用,保护我们的肌肉骨骼不受损伤;脚底的肌肉可以挪动脚趾,支撑足弓,理应牢牢地扎在地面上。所以,要想抵抗重力,必须充分发挥双脚的作用。用脚趾抓牢你所站的地面,伸展、屈曲和挪动你的脚趾。当你站直时,一定要稳固而扎实,将整个骨架锚定在不论何种地面上。

### 1. 内侧腿部追索

再次强调,这是个启动练习,为之后的锚定练习定下基调。肩部追索是挑战肩部垮塌造成的适应性肩部内旋,而腿部追索则是挑战髋部的适应性外旋和锚定腿部内侧肌肉。

众多肌肉合力将股骨头深深拉进髋臼窝,髂肌和内收肌就包含在这些肌肉之中。这使得各类腿部环绕动作成为可能。

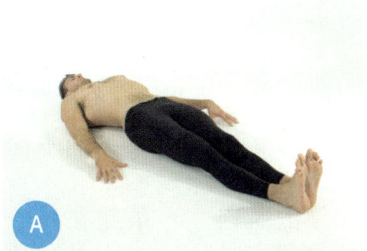

A. 从仰卧解压的起始动作开始。

B. 抬起一条腿，从髋部到大脚趾内旋，然后把它放在另一条腿的胫骨上。

C. 用上面腿的脚后跟沿胫骨一直往上追索，直至到达膝盖骨或略微往上一点儿。保持内旋。

D. 用上抬腿的对侧手掌压向上抬腿的膝盖内侧，施以约10磅的压力。沿腿部内侧的锚定肌肉应该开始疲劳。当用脚跟沿胫骨一直追索向下时，维持同样稳定的内旋。另一侧重复此动作。

对于我们每个人来讲，生活中有太多时间都在坐着。这种情况缩短了用以支持髋部适度旋转的臀肌，所以腿部追索练习着重于髂肌、内收肌这些位于大腿内侧、与臀肌对抗的肌肉。当髂肌和内收肌得到加强时，才有能力拒抗大腿后侧一直试图外旋的肌肉。一条腿在另一条腿上做追索动作，非正常缩短的肌肉就能得到伸长，身体倾向于回到自然的对称状态，然后旋转的能力便重新以自然状态下的整个运动幅度来工作。

下面具体说一下如何去做。

仰卧，双臂放在两侧，手掌向下。脚部背屈，就是脚朝脚背方向弯曲。弯曲脚趾，膝关节微屈，略微抬离地面，双脚并拢，大脚趾贴在一起。

脚部仍然背屈，脚趾仍然紧扣，抬起右腿，略微向左弯曲，把右脚跟放在左脚脚背上，以便可以瞄准身体中心线；在追索动作中应该都保持这个目标。用右脚跟在左腿追索，沿胫骨、膝盖骨，直至大腿下部几英寸的地方，不要再高。当右膝弯曲与身体平面呈90度时，抬起左臂，用左掌抵住右膝。推动左掌和右膝相互对抗，保持10秒钟。

上举双臂，指尖搭触在一起，将双臂向后拉至头部正上方，保持5秒。然后放下双臂到体侧，手掌向下放在地面上。

用右脚跟沿左腿向下追索，直到背屈、脚趾紧扣的双脚来到并排位置，互相贴靠。

对侧做同样的动作。

两边做完后，伸直脚趾，双脚分开，身体回到自然状态。

将整个动作的关注重点放在双腿的内旋，特别是大腿骨的内旋。

你已经准备好进入锚定状态了，将这种锚定站姿带入两个关键姿势。

## 2. 锚定站立

双脚分开舒服的距离，约与胯部同宽，脚外侧平行。不要锁死膝部，转换重心到脚跟。现在，同时抬起双脚脚趾，脚趾伸展得越宽越好，然后放回地面。

这个过程中要做的是由大腿内侧到足弓发力来支撑你的双腿。为了做对，你需要说服自己相信有一股将足弓向上提拉的力，而不是简单抬起足弓。这股提拉的力来自身体的筋膜。筋膜是贯穿全身的网状的结缔组织，它使整个身体聚拢在一起。它将足弓拉向腹股沟，也拉动由连在一起的小肌肉组成的整个网络，让你觉得将双腿向彼此挤压时膝关节并没有向内移动。

本章接下来的锚定练习都需要用这种锚定方式进行，让双腿互相靠拢以强化足弓到大腿的肌肉，同时确保膝关节不向内塌陷。

**最小量**：每天 3 次，每次 1 个重复

A. 以宽式站姿开始,髋部转折。

B. 在这个姿势下,增加某种程度上对称的向内拉力。它不是明显提高肌肉动员(muscular recruitment)的唯一方式,但它是最有效的方式之一。当从髋部、脚跟和脚趾向内拉时,保持脚部、膝关节和踝关节的稳健。

### 3. 锚定桥式

大腿后部肌肉是附肢骨骼下拉的关键，伸长这些肌肉是激活后肌肉链的一种方法。仰卧，大脚趾触在一起，外侧足弓平行。脚趾端拉向胫骨，微屈膝部，让大腿内侧能接触上即可。当你把大腿内侧拉在一起时，应能感到大腿骨向内转动。

屈膝到离地面 8~12 英寸时，将大腿内侧挤压得更紧一些。

脚跟和双臂后侧压向地面，把髋部拉起。保持脚跟植根在地面，大腿紧紧夹在一起，并且保持颈部像解压呼吸时一样伸长。

**最小量：每天 3 次，每次 1 个重复**

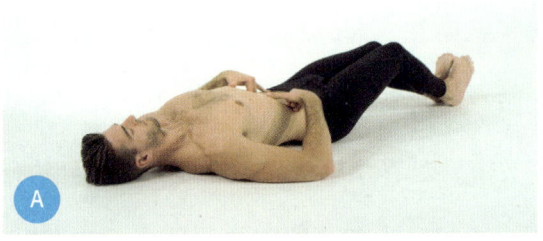

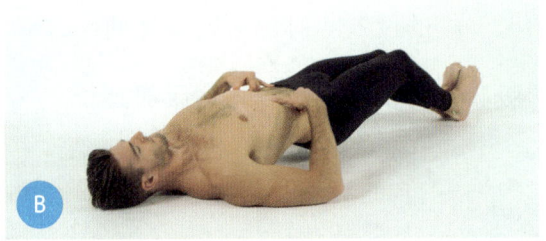

A. 从仰卧开始，腿内侧紧贴在一起，膝部略微弯曲，高度不超过胸部。

B. 将脚跟拖向髋部且不使脚跟产生真正的移动，快速激活腿后部肌肉。

C. 继续将脚跟拖向髋部，将髋部提升 1~3 英寸，同时夹紧双膝。

### 4. 锚定背部伸展

在这个伸展中，锚定中的肌肉保持抓力，将骨盆拉离胸腔。俯卧，双脚平行贴在一起，脚趾屈曲，头部向下看着地面。弯曲肘部，紧贴身体两侧，双手在肩部下方。

弯曲膝关节，足够脚趾抬离地面即可，大腿内侧互相挤压，同时将手臂、头部和胸部从地面向上抬起。确保肘部和双手保持在同开始时一样的位置：肘部紧贴身体两侧，双手在肩部下方。解压呼吸吸气时，下颌回收，颈后部延长。呼气时保持这种提升。

**最小量：每天 3 次，每次 1 个重复**

A. 从俯卧开始,双膝紧贴在一起,双脚抬离地面几英寸,双膝保持贴地。

B. 将下巴、胸部、手腕和肘部一起从地面拉起,同时将双膝夹紧。

C. 进行几次解压式呼吸,吸气时努力拉长躯干,呼气时保持高度和伸展;始终保持双膝夹紧。

每个锚定练习应保持5~7个呼吸的长度，30~60秒的时间，而且应每天做三次。以腿部追索开始整个系列练习，让身体充分准备好，从练习中获得最大收益。充分进行这个锚定训练只需5~6分钟，即便在最忙的日子也容易挤出这些时间。

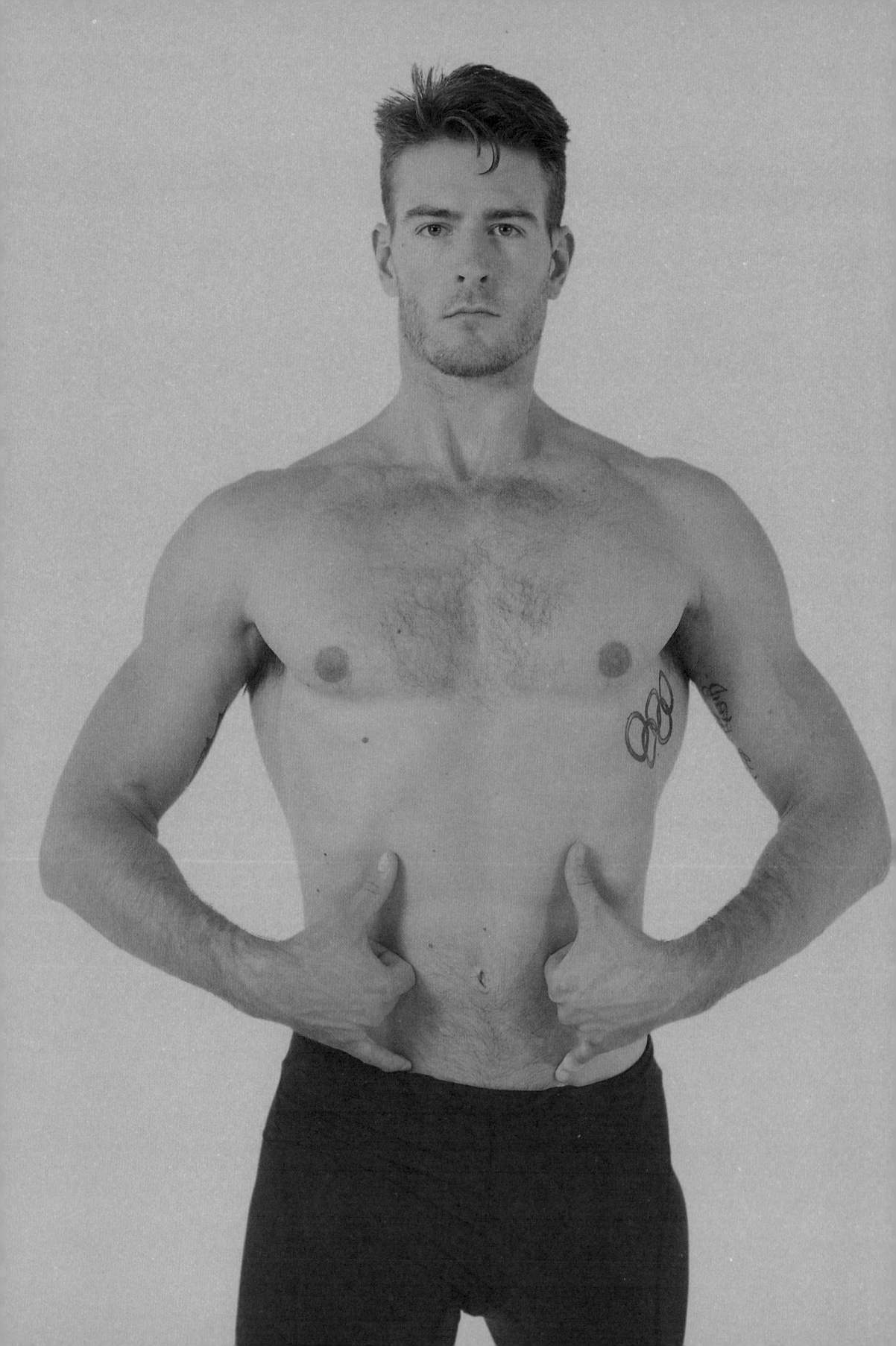

# 第 5 章

## 总结四重奏练习

前两章的解压和锚定练习就像训练营活动，是恢复身体自然生理基础的基本训练。在这一章，总结练习的四重奏则对这些基本练习进行了最后的编排，继承和加强了这些训练，并将其融为一体。这组总结四重奏练习把中轴和附肢的拔河比赛调动得无比充分，为两者间的张力提供了额外的推动。应花时间练习第3、4章里的动作和姿势，但更要花时间将你正在完成的这四个总结练习丰满、强化起来。

### 1. 基础式

基础式绝对是整个核心基础运动工具包的基础。它是各个姿势的祖师爷，是后肌肉链最主要的动员者，是确保身体以髋部为枢纽转折的关键，是解压的核心运动，也许还是我所知道的能把你带进脊椎稳定、髋部灵活和身体更平衡的快速轨道的最佳方式。

脚尖朝前，双脚分开站立三足的距离。脚部外缘线互相平行，重心放在脚后跟。锚定，抬起双脚脚趾，再放在地面上。站高，胸腔打开，胸骨上提。

髋部解锁，向后转折，拉到脚跟后面，确保腹部保持伸长。膝关节微屈，保持在脚趾后面。

当你下背部感到紧张时，以打开手掌、分开手指、大拇指外转的方式，旋开肩部。

从这个位置起，向前移动手臂，双手手指扣在一起，平衡髋部向后转折的动作。

开始拔河游戏：伸臂向前，拉胯向后。同时保持胸部高耸，重心压入脚跟。

保持这个姿势，进行高而宽、充分的解压呼吸。呼气时维持扩张。

站起。

**最小量：每天 3 次，每次 1 个重复**

A. 以宽式站姿开始，双脚扎实地压向地面，做三次解压呼吸。

B. 打开双臂，扩展胸部，髋部向后屈到脚后。允许膝关节轻微解锁。膝关节必须保持在踝关节上面或后面。

C. 抬起双臂向前、向上，同时髋部进一步向后屈。

D. 一旦你感到髋部与双臂达到挑战性的反向平衡，保持这个姿势，做 3~5 次解压呼吸。

## 2. 啄木鸟式

啄木鸟有对趾足（现在我们说的是鸟类，不是练习），两个脚趾朝前，一个脚趾朝后，所以它们在爬行时，总是能面朝前。核心基础运动的这个姿势与之有相似性：以髋部为枢纽屈曲，双腿前后分开，伸长支撑和驱动髋部后拉的臀部肌肉，增加对后部运动链的杠杆作用。

双脚平行站立，髋部方正；双臂打开，向两侧外转。以一个高而宽、充分的解压吸气开始，一条腿跨步向前，髋部转折，然后髋部向后拉。前脚平放地板，前膝在脚踝后方。为增加效果，后腿脚跟抬起。双臂带到前面以保持平衡，双手指尖抵在一起。保持这个姿势，做几次解压呼吸，然后回到站立姿势。

另一侧做同样的练习。

---

**最小量**：每天3次，每次1个重复

A. 成高位跨步站姿，髋部方正，前膝微屈，做 3 次解压呼吸。

B. 髋部向后转折，打开双臂和胸部，让前腿的后肌肉链承压。

C. 一旦你感到大腿后部肌肉和腰部拉伸，进而疲劳，便将双臂带到前面，进入更深的反向平衡。

D. 保持下颌回收，胸部上提，做 3~5 次解压呼吸。

### 3. 啄木鸟旋转式

这个练习为迫使臀肌和内收肌主动支撑整个躯干的重量，增加了旋转动作，目的是使臀肌成为人体最强壮的部分，因为它们原本就应该如此。

从起始姿势开始：以髋部为枢纽，一条腿跨步向前，脚部平放在地面上，膝关节在脚踝后；后脚脚跟抬起，双臂伸展向前，指尖触碰在一起。然后从上往下开始朝前腿方向旋转骨盆。保持所有的重量在前腿上，前脚跟踩住地面，躯干和双臂跟着骨盆旋转，直到整个上身转动大约10英寸，不超过12英寸。向内旋转，保持臀肌收缩，压力放在前腿。

做3次旋转，然后回到站姿，开始另一侧的练习。

**最小量**：每日3次，每次3个旋转

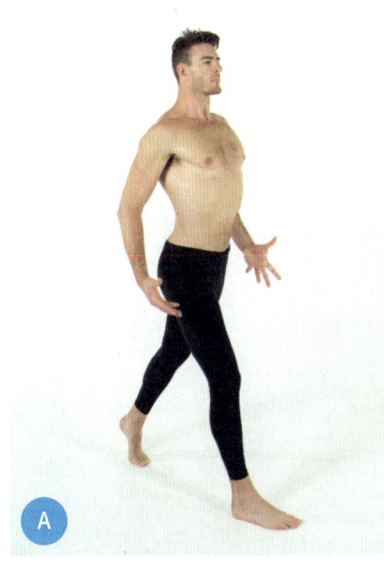

A. 成高位跨步站姿，髋部方正，前膝微屈，做 3 次解压呼吸。

B. 髋部转折向后，打开双臂和胸部，让前腿的后肌肉链承压。

C. 将双臂带到身前，全身重量压在前腿，朝前腿方向旋转 3~6 英寸，这样应该会让你的臀肌很快疲劳。

### 4. 整合转折式

这些逐渐转折的运动会提醒身体，运动起始于身体核心，髋部不但是人体伟大的晃动器（shaker），也是主要的运动器（mover）。正确的运动是以髋部为枢纽的转折，例如在你提起物体时。

双脚平行站立，与肩同宽，重心放在脚后跟，脚趾抓紧地面。

弯曲肘部，保持在身体两侧，双手朝前，略低于双肩。

解压：进行高而宽、充分的呼吸，锚定下肢，重心压在脚跟上，抬起并伸展脚趾，收紧大腿内侧。

膝关节略微弯曲，保持重心在脚后跟。保持脊椎固定，髋部略微转折，保持髋部在脚跟后面。

一步一步地，将髋部进一步往后拉。

一步一步地，将重心压向脚跟，通过与地面对抗提起躯干。然后回到自然姿势。

**最小量**：每天3次，每次1个重复

总结四重奏练习 89

A. 双腿站高，可以选择任何宽度。

B. 弯曲肘部，带动双手到耳侧。这是转折时保持胸部宽阔、背部强壮的另一个机会。

C. 在髋部的整个活动过程中，保持脊椎伸长、静止和稳定。每次进行 5~10 次整合转折式练习。

这组总结四重奏练习为这套需要经常去重复的练习收了尾。这组练习不该做得太多或者强度太大，因为恢复身体自然的力量和灵活性并非来自训练的强度，而是来自持续性。身体会对练习的深入和持续做出反应，而不是对你做得多卖力。正像下一章要详细介绍的，练习的目的是让这些姿势和动作成为你日常生活中的运动常态，以此来保持身体的协调和运动的有力。

# Part III
# 永久远离伤痛

Sustained

Pain

Relief and

Everyday

Fitness

# 第 6 章

## 留心生活，重塑习惯

有这么一种说法：你不能说自己掌握了一门外语，除非你说梦话都是用这门外语——换句话说，这门外语已经固化到你的潜意识里。

这个比喻对核心基础运动也适用：当你练习的动作和姿势已经完全自动进行，你大脑不再需要"翻译"如何支撑身体和正确运动时，你才能声称你的身体是锚定的和解压的。这时，你不用思考就能正确完成这些动作。

同样的原理，当练习核心基础运动前你惯用的那些姿势和运动方式使你不舒服时，比如当陷入椅子或扭转颈部看向后方对你来讲已成为畸形状态，而不是正常生活时，你便知道自己已经恢复了身体力量和灵活的自然基础。就像外语渗透到你的潜意识里，这表明正确的运动已经成为本能，你身体自然的基础再次回来了。

要达到这种程度，常规地练习前三章所讲的锚定和解压训练远远不够，它要求把练习里的运动和姿势转变为日常习惯，直到它们成为自动地、无意识地支撑你自己和运动的方式。具有讽刺意味的是，为了达到这种无意识，需要经历一段持续的非常有意识和感知的时间，你需要留心做每件事的动作和你常规生活中的所有活动。

无论是在家、在工作、在路上，还是在闲逛或娱乐，从早到晚，如何将正确的动作无缝地嵌入每天的活动中，本章将给出指南。当然，并不是每个建议都适用于所有人，但还是希望你能够采纳这里的讨论，结合自己的情况灵活应用。关键是当你做日常事务时，不管是坐在桌旁还是在等公共汽车，驾车送孩子去学校还是清理房间，遛狗抑或检查邮件，这些时刻你是如何支撑自己身体、如何做动作的，才是最终恢复你身体的自然基础，使你根本无须"翻译"，就可以让身体原本具有的力量和灵活性自然地回到你的身体，并将它们最大化。

## 有意识地正确运动

你需要你的身体架构做的小而简单的事情，以及日常生活中你需要专心去做的重复性活动，正是我们倾向于机械性地进行，没有思考、预谋，甚至不需太多能量的事情。其中可以肯定的是，你的身体架构需要通过中轴—附肢之间的张力来支撑。

那么，如何能突然有目的性地投入这些例行的任务呢？回答起来很简单：让自己聚精会神，对你在做的事情保持感知，做到有意识。但是，当忙于组织、运转和控制身体每个功能和过程的大脑倾向于四处漫游时，你如何能做到这些呢？

这需要努力。尤其是最初，需要努力迫使漫游的大脑回到休息状态，关注你的身体及其如何运动。不幸的是，我所知道的唯一能让你自动做到这些的途径是通过伤痛，这是下一章的话题。因为伤痛可以尖锐地提醒我们，我们到底是如何支撑自己的身体以及如何运动的。否则，控制你的意识，专注于将这些特别的姿势和动作融入平凡的日常生活中，唯一的办法就是去做。除了预先计划专注的意图，并努力执行，没有其他方法。当练习中途无可避免地停下来时，没关系，再次将意识拉回即可，不用责备自己。

到一定时候，能够强化意图的是大脑的愉悦工作原则。你对在日常生活中如何支撑身体和如何运动越有意识，越是努力去做，你的身体就会变得越强壮、灵活，你的感觉也越好。随着时间推移，你获得的愉悦感会成为你正确运动的奖励，而最终，正确运动将成为你的新常态——习惯性的、自动的和无意识的。

这要花些时间，不会一蹴而就。你花了几年时间才让你的身体适应不正确的姿势和运动方式，去将就你当时当地的生活方式。有意识、自愿地重新训练你的身体姿势和运动方式，打败这种业已形成的适应性，自然也不是一两天就能够完成的。

因此，从早晨醒来你的第一次伸展到晚上刷牙，你的目标是有意识地将锚定和解压的运动方式融入你日常的、自动的活动。让锚定和解压的运动方式充满你的生活，成为你身体的第二自然属性，无论何时何地、从事什么活动。

假定你在办公室工作，是不大可能总是从办公椅站起，躺在地上做锚定桥式的。在走廊中做几个跨步解压练习也许会招来你不喜欢的关注。和你一起看电影的伙计也不可能乐意你突然站起来，跨过大伙儿的膝盖，在剧场的走廊做啄木鸟式的动作。事实是，花半小时做这些练习，是达到解压效果很好的开始，但又仅仅是个开始。作为创建者，你发给你的生理机能一个新信息，你必须实践这些运动，直到它们完完全全成为你的身体的全新基础。

## 开始新的一天

早晨好!先不要动。

我们美国人倾向于在早晨匆忙做事。我们会跳起床,竞赛似的开始一天,狼吞虎咽地吃下早餐。尝试改变一下,不要再这样。取而代之的是慢下来,关注你的身体,让它苏醒,专注于你的动作,甚至在床上时如何起床。关注晨浴时、着装时的动作,关注琐碎的例行公事和习惯。准备开始一天时,你是如何支撑自己,给自己的一天一个美好的开始的。慢慢地、专心地做,我敢保证,接下来的一整天你做的每件事都会更加顺利。

从你醒来的瞬间开始。你睁开双眼,感觉很想伸展。很棒!趁势做仰卧解压。将双腿扣在一起,这样脚跟、脚趾、膝关节都触贴在一起,置身体于伸长的仰姿。现在做10个解压呼吸。

专注于保持胸部扩展。再一次想象你的肺部:它们是你胸腔里的气球,你要充满它。吸气时的胸围可以衡量充满的程度,所以横向纵向充满你的肺部,眼看你的胸部变得越来越大。呼气时保持这个胸围,调动胸腔下的肌肉持续支撑,保持胸部的大小。

要起床?好啊!10个卧姿解压呼吸之后,或站或坐,双脚朝前，坐椅子、坐床沿或选择站姿，再做 10 个解压呼吸。

做这些解压呼吸也许总共只花三分钟时间，却可以让你的一天有个美好的开始。你吸进更多的氧气到你的身体，加速了身体的新陈代谢，激活了躯干周围的肌肉，让它们保持支撑

的功能，提醒脊椎它可以自由地专注于神经系统之间的沟通，而不是被迫地帮你保持直立，刺激你的呼吸、心脏、肌肉和消化系统。

下一步，走进浴室，是洗脸和刷牙的时候了。你可能已经

习惯，半梦半醒中走过来，靠在洗手池上，反正知道这个瓷器能撑住你。不要再这样，将例行公事式的洗漱利用起来，作为加强后肌肉链的机会。抓住机会，在30~60秒的洗脸时间保持基础式的姿势。当然，可以回到直立的姿势擦干脸部，但请在接下来的刷牙时间继续保持基础式姿势。尽可能向后拉伸你的髋部，每次吐水或漱口时，伸长脊柱，给后肌肉链多些压力。

如果你真这样做，你可能有兴趣了解，实际上，你正在复

制或模仿几乎所有四肢动物在同时哈欠和伸展时所做的动作，这被称为伸体哈欠（pandiculation）。这是一个放松动作，通过刺激淋巴系统，使肌肉焕然一新。你正在通过整合转折动作重新确定髋关节的模式，激活后肌肉链，也完成了洗脸和刷牙。

谈到清洁，你可能有这样的习惯，出门之前用真空吸尘器或地毯清洁器在屋里这儿那儿地拖一拖。其中每个动作都涉及手臂前伸时增加反向平衡，简直是为整合转折运动量身打造的。真空吸尘的工作特别适合以啄木鸟式站姿开始，当需要推拉机

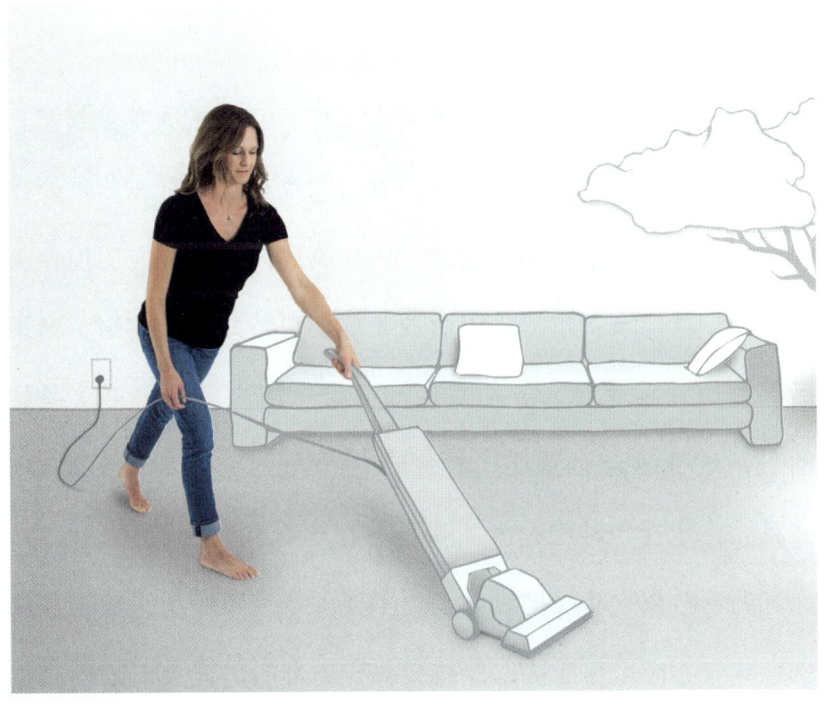

器时，跨步向前。当你需要稍微转移清洁头打扫一些紧凑的空间时，啄木鸟旋转式正好派上用场。

毫无疑问，首先你需要提醒甚至迫使自己，把身体定位在这些姿势，执行这些动作，就像你着手进行迄今为止完全无意识的事情。毕竟，你是在家，是一大早，是不假思索地做起床和出去的动作。而把你的注意力专注在每日一点点的努力上，则会确保你的身体不会轻易退回到默认的方式。继续提醒和迫使自己这样做，直到这些姿势成为新的本能。

## 通勤路上

超过86%的美国人靠驾车往返工作，76%的人单独驾驶。

想想这一点：右脚踏在油门上，以致右脚和右腿总是处在外旋状态。髋屈肌和胸部受到挤压。胸腔向骨盆方向压迫，头部前伸，就像奈费尔提蒂王后的头部姿势，即头部前探。当颈后部缩短并垂落时，各种病症都会找上门来。值得再次提醒的是，这种压迫会对迷走神经产生严重的令人不快的影响。并且，由于迷走神经是负责保持心律恒定和控制消化过程的，你真的不希望它受任何影响，更不要提令人不快的影响了。这就意味着你应尽你所能，保持颈部肌肉伸长，让头部的摆放位置为脑后方留出空间。

当你坐到方向盘后,你是为了驾驶。显然,安全是第一位的,警觉是安全的第一法则。无论如何,你都必须将保持注意力和警觉作为第一优先级,其他都是极其次要的。但是在你可以控制的范围内,你若能把头部压向为头颈保护而放的头枕上,并且保持你的上背部靠回座椅,那你就为自己的健康出了一份力。如果可能,让你的下颌在胸骨后面,不要在胸骨前

面。并且你应该尝试保持双脚向前，双膝尽可能互相靠拢。通过这个姿势，你就是在与外旋和头部前探做斗争。它是一种车载式的坐姿解压姿势，将核心基础运动融合进我们现实中的汽车文化。

在进入载你上班的汽车、火车、公交车或轮船之前，用基础式或站立解压的姿势，做三次深度解压呼吸。然后，不管你是自己驾车去上班，还是让火车司机、公交车司机、船长或者飞行员把你运到工作地点，把通勤当成一种你可以控制的坐姿解压方式。

另外，如果你是汽车乘客，在你频繁做解压呼吸时，汽车椅背和头枕通常会有一个完美的表面来贴合你的后背。如果是驾车或骑车，当你方便时，比如你遇到交通堵塞或在红灯前停住时，只要任何地方有30~60秒的时间，做几次解压呼吸。同样地，当你方便时，收紧你身体的每块肌肉并保持10~15秒。这是静态收紧，实际上没有任何移动，只是收紧，然后再放松。这两个动作帮你避开在驾驶或作为乘客时受到的压迫所带来的最坏影响。

不管你乘坐什么类型的交通工具，当你出来的时候，用基础式或站立解压的姿势做三个解压呼吸。这是摆脱你经受的任何身体压迫的很不错的办法。没人会注意到，人们看到的只是一个呼吸的人。

也许你骑车上下班。毕竟，在所有的通勤工具中，骑车在全美显示了最大的增长率，问问俄勒冈州波特兰的居民就知道了。但是如果你骑车上下班，你可能会前倾 45 度角，又或者少些，这样做会让你身体重心往前靠成为一种自然的事。那可能意味着你的胸腔压迫向内，下颌向外伸出。你弯下来，很可能不自在。事实上，你处在一个压迫身体的姿势里，这样的身体定位无法像本该的那样燃烧尽可能多的卡路里，尽管你累得气喘吁吁、付出很多，却达不到什么效果。再次强调，尽管骑车时那个姿势看起来是自然而然的，但它是压迫的姿势，你能够做点改变。

当然，骑车也是安全第一。但这里的关键点是让髋部成为运动的中心和起点。从髋部启动脚踏板，不要用膝，不是从大腿，不是从任何其他地方。为了做到这点，全力把脚压向脚蹬，保持膝关节靠在一起，并且靠近车架中心，靠近到每个脚踏动作中双膝几乎彼此贴触到一起。这个定位，让脚掌、脚趾还有膝关节都向着中心移动，让你的臀肌主要承担提起躯干的任务，这样你可以打开和伸长你的上身。

现在，以正确的姿势去做你知道如何去做的事情：扩展你的上背部，拉长脖颈，横向伸展肩部，将肘部互相拉远。你不必为任何这些动作改变你身体的角度，只是扩展和拉长身体。这主意是为了让你的胸部往上，超过车把，这样当你前视时，你是胸部朝前，而不是鼻子朝前。

我可以用我朋友彼得·帕克（Peter Park）不朽的名言做个总结。彼得是世界级的知名教练，也是一个充满激情的专业自行车手。他对在自行车上如何定位自己，给出了一个简练的咒语："掰断握把。"他的意思是，你要像一个可以将车把打成结的大力士那样，掰弯车把。

我知道车把是掌控方向用的机械装置，但假装它恰好是个铁把，而你是1958年卡通片里的沙滩肌肉先生（Mr. Muscle Beach）（虽然你可能是女士），一个虚弱的无用之人，想要强壮起来，赢得一个姑娘。握住握把向下压，大拇指一侧有向上的趋势，用全力弯曲握把，把它压成一个红酒开塞钻。弯曲握把的动作是静态的，也是等长的。是的，握把会产生反作用力。那意味着这力量透过手腕传递到前臂和上臂肌肉，又由于这些肌肉也是静态、不移动的，这股力量就透过手臂传递到肩膀、颈部和胸腔。最终结果是，在你试图掰弯握把时，你的肩部、颈部和胸腔应该得到扩展和提升。也就是说，你现在正在做的，是在骑车时通过用力往下压握把，以提升躯干，使你的身体尽可能高大。

的确，骑车时有很多事情要注意，特别是在上下班，或是在一个繁忙的城市骑行时，你必须注意交通车辆、红绿灯和各种具体情况。但是通过上面这些调整，你会发现，你在车上的平衡感更好了，找到了自己真正的重心，比以前燃烧了更多卡路里，并且提高了蹬踏的效率。

## 在工作中

不管我们在哪里工作，办公园区或工厂、斗室或生产线、豪华的拐角套房或开放办公区，根据2013年的一项研究，我们86%的人终日坐着做事，每天如此。这种情况必须停止。

我能理解，某种程度上能够坐在办公桌旁工作是一种骄傲。我也能理解，办公室传统或办公室政治让努力地专注在工作上或者看起来很专注成为对你有利的事情，几乎没有例外。但是，如果把坐着工作的时间，坐着吃饭、阅读和晚上坐着看电视的时间，以及坐着看邮件和浏览网页，或者是玩游戏机的时间都加起来，你就会发现，你每天大部分时间屈从于重力，把自己压迫进椅子里。

有一个简单的办法。至少每半小时——每20分钟更好，站起来。不只是简单地站起来，而是离开工作休息一下。这样你可以做些别的事情，某些有别于工作的事情。我的建议是做3分钟解压练习，提拉躯干，从底部锚定骨盆，然后完成自我解压。这里就有5个动作可以练习：

1. 站立解压或跨步解压（第48、50页）
2. 基础式或整合转折式（第81、88页）
3. 啄木鸟式或跨步解压（第84、50页）
4. 15~20个解压呼吸（第43页）
5. 肩部追索（第60页）

你可以把这些练习按不同选择和顺序编排起来，只要你至少做15个深度解压呼吸就可以。不管你做了哪个动作或动作组合，要知道每个动作都是一个身体治疗过程。这个过程会在你的身体里产生刺激。这就是3分钟的休息如此有效的原因。

而且，这就是你必须情愿从办公桌移步的原因。如果你是那种守着键盘、盯着屏幕来完成工作的人，每20分钟至半小时休息一下是非常重要的。你的举动会让你的工作伙伴震惊，认为你是怪人吗？如果这样，那应该是他们的问题！如果这对你来讲也有些奇怪，也许可以到休息室或某个安静的角落，甚至男女洗手间，只要能获得3分钟。如果出于各种情况或原因，你还是不能做我建议的练习，那么至少试试这样：走到饮水机旁，做解压呼吸和伸展，而不是一直坐着。如果有任何令人费解的原因，使你不能合法地每30分钟休息一下，就让你老板打电话给我。因为那意味着，要么在你的工作单位，要么在你的生活中，有些事是严重失衡的，而你必须对此有所行动。

休息一下是很管用的，除此之外还有一种方法，它不是休息的替代品，而是让坐着也成为一种锻炼，它就是坐姿解压。记住，呼吸时在两腿之间夹个矿泉水瓶、卷起的毛衣、一个盒子或类似的东西，可以增加坐姿解压的功效。

如果你在工厂，而不是在办公室工作，情况会略有不同。但是不管你在哪儿工作，你定位胸腔和躯干的方式决定了脊椎的稳定性是不争的事实。如果你的工作使你身体前侧靠着工作台，就会导致髋部靠在工作台上休息。你要抵抗这种倾向，把髋部后拉，保持胸部向上，高于工作台。如果你的工作需要头顶伸举动作，用下蹲来反向平衡伸举动作，并且将它们转成跨步或站立解压的方式。这些方法不难，而且妙的是你在做这些时，看起来像是正在工作，当然，你的确是在工作，只是你重新设定了你的运动方式，并同时做了身体解压。

## 在家里

在家里通常要做的就是些小杂务，我们往往不需要思考就可以完成，但实际上它们是使核心基础运动的姿势和运动方式成为习惯的大目标。多数这样的小杂务，像整理杂乱的房间、除尘、洗衣以及没有人喜欢做的——清空洗碗机，所有这些的关键点就是要关注整合转折动作。所以当你俯身从洗碗机里取

出盘子，或者探头察看冰箱深处，或者把湿衣服扔进烘干机时，注意下面的动作要领：保持双脚平行，重心在脚跟，脚趾抓住地面，在深呼吸和髋部转折时，保持脊柱伸长，拉动髋部向后，超过脚跟。

另外一项家里的活动——虽说是在户外进行的，就是园艺。那些热爱园艺的人可以花上无数小时准备泥土、栽种、除草、修剪等。而我看到这些园丁在工作时将自己的身体扭曲成非常

荒唐、不舒服和不健康的姿势。解决办法就是采用跪姿解压的姿势，它是在任何季节、做任何园艺工作时，最容易、最有效的方式。

跪在地上，尽可能高地定位身体，双脚平直向后。确保所有重量放在膝上，而不是脚上。如果重量压在脚上并且双脚抓牢地面，你双腿前面的肌肉就会收缩，那样会让腹部收紧。相反，保持重心在膝上，做深度解压呼吸，然后转折髋部向后。现在，你同时为解压和园艺完美定位了身体。

## 等待时间

在车站等车，在熟食店排队买东西，在大堂等电梯，乘电梯上上下下：这些是你可以不用移动身体却让身体充分活跃的时间，是静力激活肌肉的绝好机会，也是精细调整站立解压姿势的完美时机。

无论出于什么意图或目的，看起来你只是站在那儿。但事实上，这是个从前后、两侧胸腔充分呼吸的时间，提升胸骨，收回下颌，保持颈部伸长，定位头部为脑后留出空间。确保将脚部肌肉也调动起来。双脚收紧，让脚趾在鞋内屈曲、伸展。

当你把等待时间用来改善健康，等待就不再是烦恼。

## 锻炼和运动

从职业运动员到热衷周末锻炼的人，你的身体越能更好地支撑自己，工作效率就会越高，受伤概率也越小，这点不言自明。大家都承认，身体越强壮、越灵活，就越能更好地支持身体活动、承受外力影响。这就是无论投入什么运动或任何形式的锻炼，解压和锚定身体都如此重要的原因。

我们都知道，你不能仅靠做有氧运动来强化身体的基础，也不能仅靠增加肌肉，或像第 2 章里的哈莉那样，仅靠疯狂地锻炼腹肌，雕出六块腹肌来完成。真相是，想要身体的核心基础稳定有力，你不能仅仅靠挤出半个小时时间，悄悄套上选好的运动服，然后一头扎进健身房。虽然健身训练是很棒的事情，比如心肺功能练习、举重、适度的仰卧起坐，等等。事实上，无论你是健身爱好者还是运动员，又或者两者都是，无论你是周末出去打打高尔夫球还是平日在家里或健身房锻炼身体，有两件事不可或缺：一是正确的装备，二是热身活动。核心基础运动两方面都能提供。

装备就是你投入到喜欢的运动或锻炼中的身体。无论你是带球上篮或是出去走走，挥动球杆、球棒或球拍，还是跨栏或防守，你的身体应该能正确运动，并和与生俱来的能力同步。

这个普遍规律适用于任何比赛或锻炼。

每个职业运动员或周末锻炼的人都知道，在你开始最爱的比赛或练习之前，热身是非常重要的。问题是匆忙几下的热身太常见了，而且目的只是让心跳快起来。这是不够的。热身要做的是开启正确的肌肉，关闭错误的肌肉。也就是说，专注于那些能让最大的肌肉准备好，进而能支撑运动和锻炼要求的大动作的活动。所以热身不只是让心跳快起来，而是拉伸和激活控制你髋部的肌肉，因为髋关节是运动的中心。无论你喜欢什么运动，直升机滑雪、曲棍球、冲浪、足球、篮球、园艺、田径、自由攀爬，或是清理院子里的落叶，如果你打算花时间和精力去做这些，那你最好让你的身体准备好，从运动中获得尽可能多的益处和喜悦。

### 核心基础运动热身活动

热身活动的每个练习单独来看都是对身体的挑战，它们召唤身体走出旧模式，进入新模式。所有练习都需要使用到后肌肉链上重要的肌肉，同时促使你拉伸大腿内侧肌肉。拉伸强度不会过大，以免伤害肌肉，而是使肌肉将大腿拉向身体中心时恰好保持足够有力。

花些时间，专注地做每个练习，直到到达疲劳点。让你的身体对练习时使用的所有肌肉更敏感，而不仅仅是对练习的目标肌肉。

### 针对健身训练

这里的练习特别适合瑜伽、普拉提、舞蹈等运动，或其他类似的强调整个身体的运动。每个练习做 3 次，每次 1 分钟：

俯卧解压（第 54 页）

锚定背部伸展（第 76 页）

基础式，双腿尽可能分开，专注锚定（第 81 页）

对 CrossFit 和举重练习者来说，无论采用何种举重姿势和多大的重量，下面 4 个练习每个做两遍，每个练习做 30~60 秒：

内侧腿部追索（第 68 页）

锚定桥式（第 74 页）

基础式中的肩部追索（第 60 页）

啄木鸟式中的肩部追索（第 86 页）

### 针对竞技运动

虽然很难有确切数据，但美国人口中，不分男女，最流行的竞技运动是高尔夫、网球、足球、曲棍球、篮球和棒球，同时约有1500万人从事跑步或慢跑。事实上，无论你是在参加训练或练习，还是实际竞赛，所有你热爱的运动都需要热身。这样的热身包含5个练习，每个做3次，每次1分钟：

站立解压（第48页）

跨步解压（第50页）

内侧腿部追索（第68页）

啄木鸟式（第84页）

基础式（第81页）

在健身或娱乐中，无论何时你想让身体工作得比平时更努力，表现得更好，付出更多的努力和能量，都需要让身体充分准备好。这些热身活动将身体各部分结构化地统一在一起，确保决定髋部功能的肌肉工作良好，保证当你挥拍、跨越、举重、回击时，动作从骨盆启动，赋予身体最多益处，使运动达到最好的效果。

## 结束今天

一天结束,工作完成,餐具洗完,孩子睡着,而你也可以松口气了。这不一定意味着你的身体已经动弹不得。夜晚上床睡觉前,你可以花些时间做仰卧解压。在这个姿势下,即便你只是躺在那儿,还是要让自己的肌肉稳定。保持这个姿势5分钟,柔和地呼吸:用鼻子吸气5秒钟,用嘴吐气6秒钟。这种

略长的吐气在瑜伽和其他东方健康实践中为人熟知，用于静默和减压。这是个很棒的方法，能让你的身体为良好的睡眠做好准备，这是我们从提姆·布朗博士（Dr. Tim Brown）那儿学到的众多有价值的课程之一。

### 时刻保持觉察

在正确的运动方式嵌入你的无意识之前，对建立新的运动方式和强化身体核心基础来讲，对身体姿势的觉察，既是实现的手段，也是一种终结。这种感知是通过长期练习、自我提醒和共同投入这种努力的夫妇或伙伴互相提醒获得的。你所要知道的是你在哪儿，在做什么，有意识结构化地定位自身并有力地运动。

晚间你在看电视时，或多或少会团身在长沙发里，从头到脚蜷缩在一起。每次广告时间，提醒自己站起来。再次躺回沙发之前，做些解压动作，活动一下，让肌肉活跃起来。

当你走路时，无论是要快速地到达某地，还是仅仅出去散步，你要意识到自己是如何做的。走路时不要用下颌引导。主动将胸骨向上、向前伸展。保持双脚向前，毕竟这才是你想要它们带你去的方向。

你正与朋友坐在饭馆或酒吧，正在看电影，或者在会议中。无论何种情况，你要找机会控制你支撑自己身体的方式，提起胸骨，伸长躯干，锚定双脚在地板上，并且做深长而充分的呼吸。当你用氧气充满肺部时，也就用新的支撑身体的方式充满了你的生活，这是你身体天生的灵活性和与生俱来的力量的回归。

为了让核心基础运动有效并长久持续，你应该将它应用到每天的活动中。我们每天要做的基本事务开始让我们强壮起来而不是垮下来。为了帮你做到这些，我们创造了下面异想天开的故事，关于哈莉如何将日常活动与这些练习结合起来，使自己远离伤痛。

一个快速解压
开始新的一天。

---

几个专注的呼吸
将解压带入生活并不难。

刷牙时,她采用了这种
有力的姿势。

基础式使她从头到脚
充满气势。

乘坐火车、飞机和汽车时，
是练习将重量压在脚跟的好时机。

---

坐着时，哈莉以最爱的方式做解压，
保持强壮不费力。

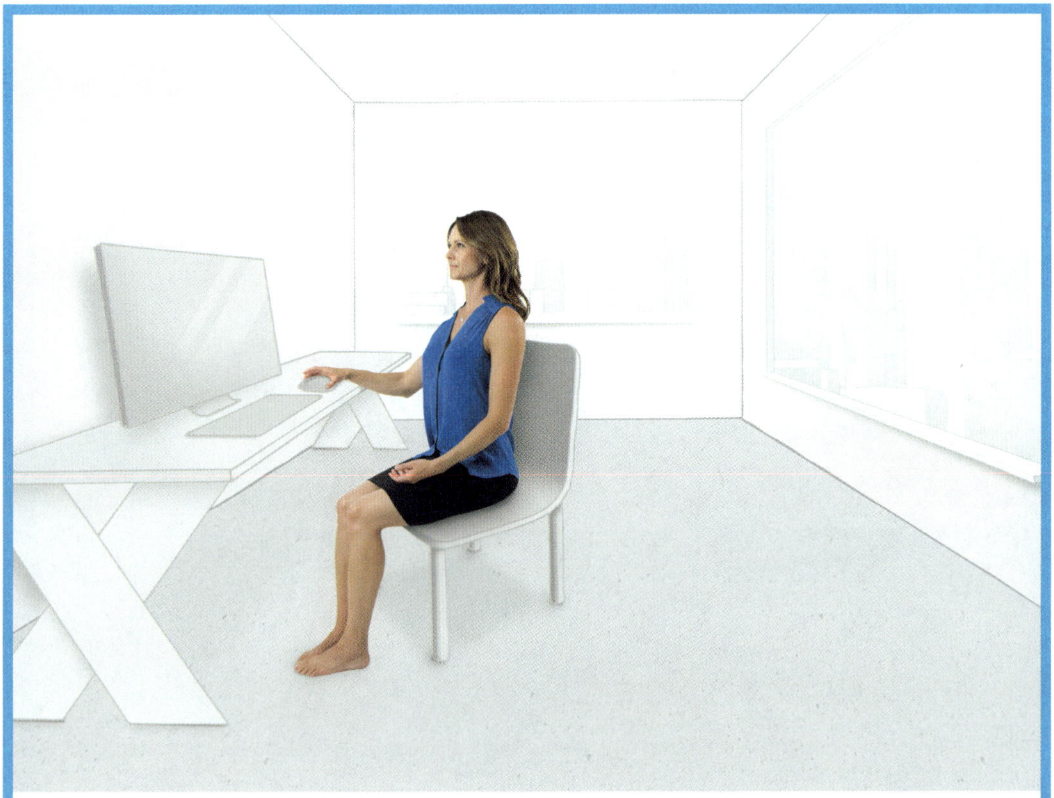

会议和邮件

设定了她一天的步调。

---

坐姿解压的练习

让她远离背痛不烦恼。

每隔 20 分钟,
她就离开座椅。

———

她尽力伸展一分钟,
让胸腔充满空气。

哈莉去购买
各种各样的花花草草。

---

她有意识地
让自己站直站高。

吸尘很乏味，
但不得不做。

———

哈莉发现用吸尘的动作
锻炼臀部不错。

哈莉拿起熨斗

让衣服没有褶皱。

---

她知道自己的站姿

会让她的身体更加通透。

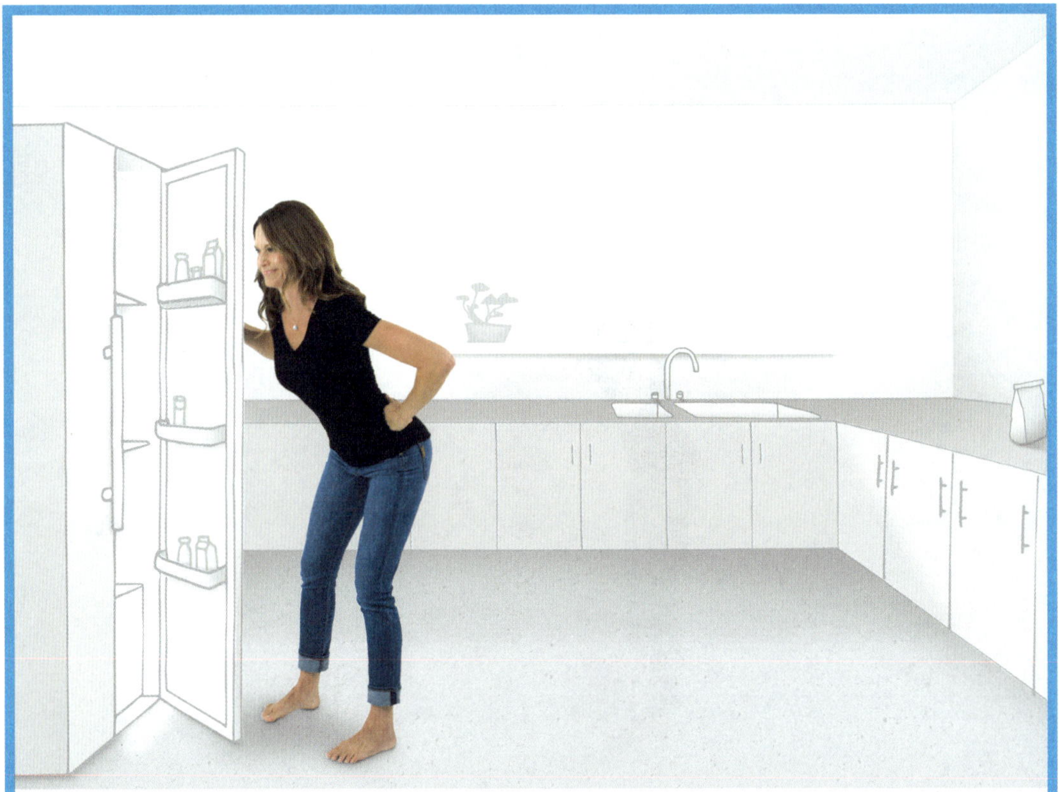

去厨房

取点心或饮料。

---

每个动作里都藏着
强化较弱运动链的技巧。

打理树木、花草。

---

跪姿解压的姿势
几乎满足所有需要。

在胸部或胸部以下的高度
浇灌花花草草。

---

髋部转折，保护着背部，
重心压入脚跟，脚趾将地面抓牢。

回到洗手池边洗脸和刷牙。

---

留给躯干充分的空间进行解压。

一天结束了,
关注一下头部。

———

做一个简单的解压,
然后上床睡觉。

# 第 7 章

## 跨越伤痛

从美式整脊疗法中学到的一些经典知识，让我们了解到机械刺激感受会阻碍伤害刺激感受发挥作用。用通俗的语言讲就是，运动会掩盖伤痛。

整脊治疗师不是唯一了解这些知识的医疗工作者。对于包括主流医疗在内的许多健康领域的分支来说，这是一个共识。尤其临床医生，于是他们可以默许患者用药物快速缓解疼痛，同时开出康复运动处方作为治疗手段。

但是本书的目的，特别是对于那些带着伤痛接触到核心基础运动的人，是要在个体与伤痛的关系上实现更根本、更意义深远的转变，不只是缓解伤痛，也不只是消除伤痛，而是超越伤痛。这需要身姿和运动方式上的根本性改变，本书第 3~5 章已经概述过。这种改变的目标是重塑身体，使身体回到自然的运动方式。现代生活方式使我们的身体偏离了基准，而我们要做的正是回归基准，因此这是根本性和全面的改变。

严格来讲，这个改变之所以是根本性的，是因为它必须深入身体结构和运动的根基。它瞄准的不是身体的某个部分，而是身体中轴与附肢骨骼张力的交汇处。简言之，它瞄准的是身体支撑自身的根基所在。它是基础性的改变，直指骨盆部位的运动根基，而不是四肢部位的运动末端。

身体是一个高度一体化、高度动态化的有机体。这个改变之所以是全面性的，是因为它调动了整个身体，从头到脚、从里到外。这一改变意义重大，带来多重效果。"多重效果"是个简单的概括，实际上，有机体是一个网络，所有的部分都互相连接、互相沟通。不正确的运动方式会让我们百般不适，何止肌肉伤痛；相反，正确的运动方式能够使身体结构和肌肉拥有更好的力量和灵活性，让我们感觉非凡。

## 网络效应

被网络的外部"包裹物"掌控的生物力学，即你运动的方式，不能与指挥生物力学的神经学信息分割开来，也不能与发生在各种器官系统的生化活动（即你的身体如何工作，进而如何感受）分割开来。反之亦然，神经学信息和生化活动体现在你是如何支撑自己和如何运动的。难怪错误的运动方式导致我们的伤痛，也难怪伤痛阻碍和扭曲了我们的运动方式。这是个双行道：运动方式将信息写进身体，而运动造成的影响也会反馈一个信息。但不只是骨骼结构和肌肉会受到影响。

让我们用"微笑"作为例子来简单化地理解一下这一原理。嘴角向上，露出牙齿，对着这本书面露喜色。这时你的整个身体很可能是坐直的，头部抬起、躯干伸长的概率很高。这时的你表现出热切的关注，状态良好，随时准备出发。

现在皱眉。嘴角向下，双唇抿成一条线，严厉地闭起来。这时，你身体下沉、头部垂落、身体和精神上感觉低沉的概率很大，就像你消沉的面部表情暗示的那样。

这种方式不是很科学，但可以显示你的感受有多快影响到你的身体。即便像微笑或皱眉般的小动作，也会将影响刻入身体。然后，刻入身体的影响接着回到这一双行道，将自身写进人体生理过程的各种功能和活动中。

我推崇的解剖专家托马斯·W·梅尔斯（Thomas W. Myers）给出了一个抑郁如何改变生理过程的例子。首先，梅尔斯说，我们的神经系统在运动神经系统中将低落的情绪翻译成发紧的动作，他称之为"周期性的收缩模式"。然后随着时间推移，筋膜系统（互相连接、包裹并稳定我们身体的身体护套）开始对此做出反应。筋膜系统开始收紧，身体中心的空腔收缩，挤压里面所有的器官。这还会使呼吸变浅，进而影响到我们体内的生理化学过程，影响血液、营养、激素和废物的流动。即便抑郁情绪终止或被药物成功地抑制住了，但只要运动的习惯保持不变，这种收紧的状态就会坚守在筋膜系统的结构里和身体内的通路中，不会真正消失。

  反之亦然。如果你去除压迫的影响，重新形成身体的运动方式，新信息就会传回身体系统，这个重写的过程就会从筋膜系统扩展到所有体液中的化学通路，到神经通路和交叉点的数量庞大的神经传感单元，再到呼吸、消化和免疫系统，等等。一旦解压的信息传遍全身，所有压迫的影响就开始消失，包括压迫引起的疼痛。你总体的健康状况就会好转，你会感觉更愉快，伤痛会离你远去。

  这是不是意味着仅仅通过练习正确的动作，就可以永远远离伤痛呢？不可能。没有这么简单的事。事实是，没人可以无痛地走完一生。说得更具体一些，一种痛是你的身体运动强度过大时，肌肉发出的信号；另一种痛会使你虚弱、限制你的身体。

这两种痛有很大不同，一旦你重塑你的运动方式，后者就会消失，而之后再出现前一种痛，则成为一件让人高兴的事情。

我对此深有体会。当我向一束肌肉索要过多时，我经常感到疼痛。大多数情况下，我将这种痛看成是让我继续做下去的召唤，直到肌肉对努力做出反应，疼痛消失。这是好的痛。但我也确实从本书导言中提到的伤痛中解脱了出来，即背部和髋部的伤痛，它们紧密相关。那伤痛是在我20岁出头的时候突然爆发的，并持续了7~10天，困扰着我，阻碍了我的生活，有时甚至似乎要支配我的生活。那是负面的痛。时光流逝，我已经摆脱伤痛困扰，并且通过我做的每一个动作，将伤痛远远甩在了身后。

## 转变视角

让这个关键而全面的改变生效的当然是你自己的身体，它通过重复使用本书中的姿势和运动，抵抗重力，获得或重新获得平衡与力量。但是，纵观这个改变，让它能够持续的是大脑，这就是为什么认知的改变是很关键的。我这里指的是你对自己身体的真正了解和一种相伴的意识，而这种意识则与你关注骨架结构的自我支撑与有力运动的程度有关。

改变的视角包含两层含义，一是第 6 章里讨论的有意识，即时时刻刻感知你是如何结构化地支撑自己和有力运动的。另外就是将关注点从你是如何感受的，转移到你是如何运动的。尤其你要了解，由于只有你能控制这架会摆姿势、能够行动的仪器——你的身体，所以最终只有你能负起关照它的责任。

在真正意义上，作为自我关照的一部分，关注你自己如何做动作就像关注如何吃和吃什么、有没有喝够水、有没有保持家里干净整洁、有没有注意个人卫生一样重要，我们做这些事的时候，完全是自动化的，甚至没有想过它们属于自我关照的一部分。但它们的确是自我关照的方方面面。这些事情是我们过好生活必须做的，我们按计划让这些维持生活运转的事情开始并执行，并且让正确运动的意识成为我们生活中主动的诉求。

就像这章里你将看见的三个人所做的，去践行自我关照的责任感是转变视角和身体运动方式的关键，由此你可以摆脱和跨越伤痛，一路向前。

## 忍受慢性腰痛的牙医

贾斯汀娜·范是个牙医，她很享受自己成功的行医生涯，也享受与丈夫和两个小孩美满的家庭生活。这张美好图画上唯一的瑕疵是贾斯汀娜忍受了长达 23 年的慢性腰痛。

伤痛一阵一阵地定期发作，持续数天，使人完全衰弱下来。多年来，伤痛的发作已经扰乱和限制了贾斯汀娜对自己力量的信心，影响了她的个人生活。例如，伤痛剥夺了她抱起两个小孩的能力；并且每隔一个小时左右，伤痛就会对她在诊所的工作产生影响，而那本该是她照顾病人的地方。贾斯汀娜终日坐着，当她盯住病人的口腔，用精妙的技术检查病人的牙齿时，她的身体向前倾斜着。贾斯汀娜觉得，她的伤痛可能在某种程度上让她不能以最好的状态为她的病人服务。

一个健康从业者也没能从她的医生那里得到关于伤痛原因的满意回答。核磁图像显示出两节变形的腰椎间盘和一节突出的腰椎间盘，但因为没有什么碰触到神经，贾斯汀娜认为这不可能是伤痛的原因。一个医生告诉她，可能因为她小时候跌坐到地上时摔到了尾骨，所以现在出现了伤痛。"哪个小孩没有摔到过尾骨呢？"贾斯汀娜反问道，而医生对此只能耸耸肩。

她不是第一个为职业的无力感而困惑的健康从业者，这种无力感让她不能处理好生活中的很多事情。她也不是第一个感到自身伤痛正在削弱自己职业能力的人。"背痛让你感到很无助。"贾斯汀娜说。据我观察，这种无助感在医疗从业者和研究人员中并不罕见，就像职业倦怠问题一样，无助感也是应当严重关切的问题，而我很肯定它们之间有关联性。当代医疗界如此众多的从业者，从医生到整脊治疗师，从物理治疗师到牙医，他们自身就处在伤痛中。他们担心自己的治疗效果会因自身伤痛而减弱，这也就不奇怪了。在许多实例中，贾斯汀娜表达的那种无助感可能成为自责的根源：如果你对自己的健康都不自信，又如何能够真正帮助你的病人重获健康呢？

这就是为什么贾斯汀娜做出的运动方式的改变，用她自己的话讲，"深刻地影响了"她的整个生活。她显然拥有了将伤痛甩在身后的能力，在身体的每个状态，包括身体上、头脑上和精神上，她都看到和感受到很大的不同。摆脱了对强烈的、时隐时现的伤痛的恐惧，她已经从无助中走出来，并使正确的运动成为她自我关照的一部分，这一视角的转变对她的个人生活和职业生活，以及对自身幸福的理解，意义深远。

每天早晨，以解压呼吸和核心基础运动的姿势和练习开启新的一天。摆脱了对长期伤痛的恐惧，拥有了真正的自由，使贾斯汀娜在业已强壮的身体里孕育和滋养出新的程度的自信。这意味着贾斯汀娜可以通过髋部转折轻易地举起她的孩子们，没有了伤痛和对伤痛的恐惧。这也意味着她坐着、站立、行走和运动的方式，用她的话说，一直持续"在脑海里"。如今，贾斯汀娜在她个人运动练习时将重点放在与教练一起修改一些她感到有问题的动作。"做让我感到安全的动作",在她看来,能让她安心地使自己更强壮。

这也许是贾斯汀娜在她的职业生涯中做出的相当实用的改变,最具影响力且意义深远。在她的工作领域,从办公室家具到鼓励员工做她实践过的自我关照,她在每件事上都有所改变。过去范博士坐在椅子沿儿上检查病人,现在她跨坐在有坐垫的凳子上,"保持躯干伸长"。她与核心基础运动认证教练一起为全体员工安排了在办公室的练习,在她的同伴和员工那里播种相似意识的种子。她正带来对运动的全新意识,作为关照别人的健康从业者自我关照的一部分。甚至对牙科病人来讲,当医生用这些方式战胜自己的伤痛后,他们也是获益者。

长久以来就有建议要医疗从业者保持自身健康。这里所记述的就是一个健康从业者,用对她有利,对家庭、合作者和病人有利的方式,将那个建议与她的个人生活和职业生活连接在了一起。

## 身体彻底垮掉的运动员

对布莱恩·费舍尔布克来说,对自我的感知能力等同于身体的高超技艺。所以当高超技艺遭到破坏并最终失去时，你就没有多少可以依靠的了。"我有令人惊讶的力量，"布莱恩小心地指出，"使我得以逃避面对我那同样令人惊讶的脆弱。"布莱恩出生、成长在加拿大，美丽的英属哥伦比亚。在那儿，他滑雪、远足、登山、玩山地自行车，当然，还有他从刚刚会走时就开始玩的曲棍球。他那令人惊讶的力量来自天生的身体能力，这使他参加的任何活动、运动、竞赛、尝试都成了轻而易举的事。这真是幸运的事，因为运动正是布莱恩的最爱。他是个天生的、激情四射的运动员，不可避免地，他也是个肾上腺素瘾君子。

运动也是他职业生涯的中心，冬天当滑雪巡逻队员，夏季当山区防火队员。他工作所依靠的身体力量，足以使他无论身心在风险面前都表现得无所畏惧。布莱恩完全沉醉其中，并且在强调坚韧的文化氛围里如鱼得水。那既是他的工作环境，也是他生活的关键激励因素。布莱恩的体能定义了他。

所以当他23岁时伤到膝盖，前交叉韧带撕裂（这是使众多运动员退役的典型损伤）时，布莱恩也没有慢下来。他的解决办法是通过"做得更努力"来强行突破。幸运的是，他完美磨砺过的身体轻松对此做出了反应，调集其他肌肉补偿膝部肌肉曾经控制的动作。布莱恩继续每周滑7天雪，有时连续滑

25天。在夏天，他从直升机上以坐式速降救火。"酷，"他想，"我状态很棒！我继续保持就行！"这里的文化、他的自我意识，还有布莱恩对生活的整个看法就是：奋力向前。

他也果真这样做了。其间，他经历了越来越严重的腹股沟疼痛，一连串的不适和轻微损伤，可的松注射、针灸、按摩和物理治疗，以及头部和情绪上的螺旋式的不断低落。他一直在想："为什么这一切变得如此困难？"他管理着一个小队，而他确信他只有队里其他人一半的体能，想到这一点，布莱恩与伤痛做了更强硬的抗争，然而只是徒增沮丧。三十多岁时，布莱恩的身体开始垮了下来；四十岁时，彻底垮了。

接连两个季度的受伤终于让布莱恩相信，如果他打算将健康和幸福带回他的生活，就需要做出根本性的改变。他正在失去作为生活中心的工作、自认为定义了自我的体能和他对自己的整个认知。一个同事向他介绍了核心基础运动，布莱恩甚至通过电邮联系到我。我知道他来自哪里，理解那里坚韧的文化，而且最重要的是，我确切知道他的感受。

我曾经有过同样的挣扎、同样的无能为力，无法体会更好的运动方式带来的感觉，因为这种方式似乎不够强硬、不够矫正，也不够根本，不可能带回溜走的力量。那时我们在加拿大还没有认证教练，所以布莱恩开始通过Skype做练习。当他开始改变运动方式时，他还因第二季度受的伤被石膏固定着，只能在地板上练习。所有这些努力开始初见成效。从那之后，布莱恩就没有停止过。

今天我可以有把握地讲，他对身体的能量有了全新的认识。"再努力一下"被布莱恩称为"打开初始通道"的需要所取代，它能将布莱恩带进更深层的运动中。"继续前进"已经变成去发现保持中轴骨骼和附肢骨骼间中立张力的姿势，锚定身体，以让胸腔前后充满的方式呼吸。"奋力向前"变为解压呼吸，为脑后留下空间，使所有信息可以在中枢神经系统畅行无阻。定义体能的新视角重塑了布莱恩对自身的定义，并使他质疑是否还有其他自我关照的方面被忽视。布莱恩将伤痛甩在了脑后，用关照自己的自身能力填满了过去肾上腺素上瘾留下的空白。

## 术后物理治疗师希求避免手术

"一些事情正在改变。"这是约瑟夫·保罗在即将进行脊椎大手术之前意识到的。正如贾斯汀娜·范博士，约瑟夫也是一名医疗从业者。具体来说，约瑟夫是一名物理治疗师，专业是处理手术前后的脊椎病问题。22岁时，约瑟夫的下位脊椎双侧骨折致使出现退行性脊椎滑脱。在重力压迫下，一节椎骨前置，这使他完全不可能从事他原本希望做的手工类工作。约瑟夫回到学校接受物理治疗师的训练，终于在35岁时成为合格的治疗师。

25年后，约瑟夫刚过60岁时，在一个缓解他磨损的椎间盘（第四和第五腰椎之间）症状的手术之后，脊椎滑脱开始造成疼痛。这些疼痛传到他的腿部，使他备受折磨。这也让他谋生的工作成为莫大的讽刺。他自己的脊椎状况相当糟糕，同他工作中需要处理的复杂脊椎问题相比，有过之而无不及。约瑟夫的医生推荐他做脊柱融合手术，手术非常复杂，不易安排上。事实上，这个手术必须完全撕开他的身体中心，将肌肉、筋膜和器官都移到一边来完成融合操作。

约瑟夫了解所有关于"360度双层融合"的手术过程，这是物理治疗师们通常的说法。"那就是我处理的病症，"他说，"这些就是我为之工作的人，我尽量帮助他们站起来，能再次活动。所以我知道手术意味着什么。"他的生活已经够痛苦了，所以他并不急于去经历他称为"有史以来最恐怖的故事"。不过，约瑟夫的病案还是排进了等候名单，等待下一个手术档期，几个月后能轮到就算幸运。

与此同时，他与当地的授权教练开始练习核心基础运动的姿势和动作。尽管几十年来一直跟踪研究进展，并尝试了"可以找到的所有方法"，通过这个练习，他开始感到症状确实在减轻，特别在一开始，腿部严重的疼痛明显减轻。练习时间越长，他感觉越有好转。这么多年来，他尝试的各种办法都没能"帮上什么"，用他自己的话说，疗效从没真正持续过。但这次的改善感觉不同，确实不同。早期的传统改善方式只是临时掩盖了他的伤痛，而核心基础运动重新训练了他的肌肉，并让髋关节成为重力压力的中心吸收器，从而重塑了运动方式。手术前的两个月，约瑟夫取消了手术。正在发生的一切带来了足够的变化，使他摆脱伤痛，将伤痛甩在身后。他相信通过改变身体基础学到的东西是"我所知道的关于脊柱的所有事情的精华所在"。

自此，约瑟夫成为一名核心基础运动的认证教练，将训练应用到病人身上。"对于慢性脊椎病，多次手术后的脊椎病和非常复杂的脊椎问题，"他说道，"这些姿势和运动方式的使用会达到积极的效果。"即便将练习做些修改"让一些人可以先开始"，结果也都是积极的。"可能有些人练习后会有酸痛感，"约瑟夫说，"但是，只要没有增加任何压迫症状，我们就在正确的轨道上。"

这是一名资深的物理治疗师，先完成了自我康复，然后将自我关照的方法转而应用到工作中，帮助人们摆脱伤痛，像他那样继续向前。

## 改变人生

在上面所有的案例中，重要的是关注什么改变了、什么没有改变。贾斯汀娜的腰椎间盘依然变形；布莱恩的骨骼结构依然保持永久性的损伤状态；约瑟夫的身体不会回到 21 岁，当时的他还没有遭受很多年轻运动员都会遭受的椎弓骨折。视角的改变，即从关注如何感受，转变到关注如何运动，启动了运动重新形成的过程，让改变发生。他们在生活中完全摆脱了伤痛，并需要继续这种运动方式，将伤痛挡在门外。对他们来说，重新塑造结构化的、有力的身体基础的生活将永不停歇。

超越伤痛会改变人生，但完成它则需要生活中的改变——永久地改变你从结构上支撑身体的方式、肌肉运动的方式以及时刻想着关照身体和自我。

# 第 8 章

## 如何从娃娃抓起

小孩的身体难道没有与生俱来的潜质，做出本书希望我们做到的正确姿势和运动方式吗？他们确实是有的。但一个小孩子的成长，要早于我们大多数人的想象，并且不是发生在真空里。从很早开始，小孩子就模仿父母。他们周围成年人的行为方式成为他们自身成长的外部刺激。所以，当固有的天性在小小身体里展开时，可能被延缓、改变、扭曲和折转，因为小身体会模仿身边大人展现的运动方式。

这一事实的确是对父母们的一种召唤，召唤父母们呈现正确的运动方式供孩子模仿，也是一个迫切的忠告，说明我们可以做更多。事实上，我们生命的第一年是发展肌肉相当完美的时机，可以使孩子保持一生强壮。我们也知道，不这样做，就会导致孩子从早期开始，身体和认知发展上出现问题。这些发现是物理治疗师和婴儿运动专家吉尼·萨拉斯（Jeanene Salas）工作的中心，她已习惯于看到幼儿在两三岁时运动方式垮掉的情况。这种垮掉的情况表明在他们小小身体的一侧或另一侧有不平衡。身体不对称是运动技能问题的核心，它可以严重而持续地阻碍儿童的身体和智力发展。显然，身体的不平衡和错误的动作是我们要关注的。时间过去越久，修正错误方式并用正确的方式取代它就变得越困难。

像萨拉斯和其他婴儿运动专家确认的那样，在婴儿期，在可能导致后期运动神经问题的不平衡刚开始时，对小孩子开始传授正确动作并施加影响是至关重要的。正确的运动原则将帮助孩子形成能良好抵抗重力的生活方式，你如何向婴幼儿传授它呢？你如何能够帮助他们建立身体核心，在将来的人生中去抵抗压迫，保持锚定，让中轴骨骼和附肢骨骼之间产生张力，并从骨盆处发起运动呢？这听起来似乎意味着新生父母应该成为新生儿的私人教练，而事实的确也大约如此。

## 为孩子提供良好基础

私人训练通常包含挑战，以及鼓励孩子对其所降生的物质世界的好奇。但你不能开始得太早。

当然，在每月的例行体检时，你的家庭医生将根据预期成长的里程碑检查幼儿的进展：翻身、坐起、头部控制、开始行走等，这个非常关键。同样关键的是幼儿可以站立时，其关键运动技巧业已成型。过了这个时间段，修正任何不对称和不平衡都会很困难。记住，在一生关键的第一年里，脊椎形成自然的曲线。父母作为私人教练可以应用拉伸、按摩、帮助婴儿定位身体等方式，更重要的是，用富有挑战性的方式与婴儿互动，来让婴儿调动他们需要的肌肉，并发展他们应该发展起来的肌肉。

例如，你习惯让宝贝白天趴着，这样她可以自己四处看看。她在探寻周边的环境时，上下凝视，也环顾两侧，通过感受刺激来开启感知系统。当她抬头的时候，启用了颈部肌肉，相应地拉动了颈部骨骼，这样就帮助形成了脊柱的曲线。这仅仅是开始。脸部、头部、颈部，依次从头到尾完全发展起来，到一定时候，她会肘部弯曲，用胳膊撑起自己，抬起躯干。这些动作锻炼了双臂肌肉并强化了背部肌肉，而正是背部肌肉保持了脊柱的自然曲线。这意味着到她能站立的时候，她就处在了平衡状态，而这一对称状态，会伴随她长大成人，伴随着她的肌肉和骨骼的生长。

因此，不对称问题在整个成长过程中非常重要，需要得到足够关注。也许宝贝仅朝右边盯着看，或者将耳朵贴向一侧肩部，或者一旦她开始翻滚，更喜欢朝一个方向。这些看起来很轻微的不对称可能会伴随她肌肉和骨骼整个的生长过程，将她置于垂直方向不平衡和运动技巧出问题的风险中，这些状况会嵌入到身体的发展过程，可能影响感知和心理的发展。

因此，对父母来说，了解小孩子早期趴着玩耍的重要性非常关键。这一活动直接让核心肌肉、身体重心和直立时所有运动启动的地方得到发展。父母必须在宝贝趴着玩耍时引逗她，当她抬起头部和颈部时，让她看看这儿，也看看那儿，上看看，下看看，这样才能调动和强化所有迫切需要发展的肌肉。很可能在6~8个月大的时候，她开始能用手掌撑起自己一点儿，这时，继续吸引她，进一步调动和强化沿脊椎向下和沿身体两侧的肌肉。成长继续，她发展到用手和膝把身体撑起来，准备爬行。这些都是身体发展的关键阶段，脊柱曲线慢慢形成，为站立做好了准备，这一路上的每个阶段她都应当接受一些挑战。

当然，挑战后你可以温柔地拉伸和按摩她锻炼到的那些肌肉，充满爱意的触摸对孩子的成长也非常重要。

顺便提及，没有几件事对成长过程的损害程度大过父母对汽车儿童座椅的过度使用。现在的父母似乎都离不开这一带孩子出行的工具。轿车座椅为单一目的设计出来，也应该只为旅行这个唯一目的而保留。它负责向上支撑宝贝并保证在车上的安全。但它也压迫宝贝的身体，并使她的头部摇摆不定。下次你再去超市，注意那些将儿童座椅塞入购物车的父母带着的孩子。看到后，你就会明白我的意思。宝贝的身体被箍得紧紧的，滑落在座椅里，很可能歪坐着。当父母推着购物车一路前行的时候，宝贝的身体似乎被进一步挤压，头部一路上上下下左右摇摆着。这种压迫和不对称的姿势绝不是生命最好的开端。

那么父母抱着他们的宝贝会不会更好一些？是的，抱着小孩还给你提供了阻力训练的机会。不过一旦小孩可以走路了，就不应该经常抱了。当你正忙着时，照顾一个刚会走路的小孩可不是个好差事，但对宝贝来说却是个刺激性挑战。每走一步，每一次顾盼，不管她是向上凝视，还是平视或俯视地面，都会激发感官刺激。宝贝在抵抗重力行走的同时为那些刺激充电。对父母来说，宝贝走得很慢，但却让宝贝的生理功能和心理敏锐度得到发展。

因此，从生命的早期，在小小的身体刚开始抵抗重力时，父母就有机会支持和强化正确的运动方式。这是你能给孩子的最好的开始。

当然，一旦小孩能自己走路了，从许多方面来说，他们就脱离了你的双手，用自己的方式行事。他们大步向前，发展自己的身体。他们自己控制自己的身体，父母能够期望的最好事情就是能影响这个成长过程。

你如何能够发挥影响呢？学步的幼儿不停地活动，学龄前儿童更是能量充沛。低年级的小孩子在一天中的大好时段就开始坐着了，这是很不幸的，这个时间段他们的身体正在微调运动技巧、协调性、耐力和平衡感。之后到了青春期和青年期，孩子进入叛逆期，你对身体压迫的事几乎什么也做不了了。因此，为了保证孩子有平衡和正确运动的基础，来释放未来生活方式带来的压迫，父母到底能做些什么？你如何能够将正确的运动方式融入孩子的习惯中，帮助孩子保持身体核心强健、前后平衡，并得到后肌肉链的支撑，关节处留有空间，以该有的方式运动呢？

## 让核心基础运动进入家庭：直接或潜移默化

在一些家庭中，教授核心基础运动的姿势和运动，使之作为全家人都要采用和遵守的准则是可行的。可以计划好运动安排，要求家人参加。毕竟，你可能要每周五晚上去祖母家聚餐，或者，全家周日上午去教堂，并且要求小孩参加，也许对他们还有着装要求。也许你坚持让小孩上音乐课并定期练习，或者你将他们放在幼儿园，确保他们在那儿学习普通话。作为父母，你可以有各种方式管理你已经下决心要做的事情，把它们列为家庭事项的一部分或家庭生活准则，核心基础运动也很符合这个分类。童年早期开始练习核心基础运动，它就会在孩子生活中根深蒂固，至少只要他们还是家庭中的一员并在你的监护之下的时候。

可是在许多家庭，这种纪律性的方式是不实用、不可行的，或简单来说，不是这个家庭的方式。有些家庭成员会说，这像是强加的繁重工作，像吃甜点前要先吃蔬菜，或出去玩儿之前要清理房间。父母会觉得，如果这样做，核心基础运动不可避免地会被贴上不受欢迎的标签，使它与不受欢迎的事情紧紧联系在一起，成为要求小孩子做的任务，就像家庭作业。这样非但不会在孩子的生活中根深蒂固，反而让恰当的运动成为非常沉闷的东西，小孩子会极力躲避。

在这样的大家庭里，父母有一件可以仰仗的事，就是孩子天生会模仿。所有为本书提供咨询的专家，包括家长和核心基础运动从业者都同意这种说法，因为孩子或多或少会自动模仿他们，所以他们特别有意识地树立正确动作的榜样。家长们发现如果他们播放DVD，显示核心基础运动的系列动作，他们的孩子会不约而同地模仿他们在做的。不播放DVD时，他们也会重复。一位母亲每天中午会停下手头的事务，去做基础式的练习，保证孩子会来模仿。艾琳·罗说，当她使用臀部伸展的姿势来操作洗衣机时，她的两个孩子会觉得好笑，但他们还是会模仿她的动作。

"如果我正在自己做练习，"运动整脊师、核心基础运动认证教练布伦南·贝兹博士说，"孩子们会模仿我，他们觉得很有趣。"他有三个男孩和一个女孩，彼此差两到三岁，"他们做起来很容易，最小的孩子做起来最容易，当然，因为他坐在课桌旁的时间最少。至少目前如此。"

父母们都了解，一旦孩子到了学校，他们对孩子们长时间坐着这件事就鞭长莫及了，除非游说他们本地校董同意改成站着上课，或者至少请校长和老师考虑经常休息一下，休息时孩子们可以站起来，做做拉伸。但父母们可以在家中有所作为，他们也的确是这样做的。艾琳·罗的儿子和女儿知道他们不可以带着手机、平板、笔记本电脑和游戏操控杆坐在沙发上，而且，"我尽量提醒他们，当坐在沙发上时，对自己负责，尽可能让身体保持解压状态"。她给孩子们装备了站式课桌，所以他们做功课时，可以直立着，妈妈也会不时过来纠正一下他们的姿势。

另一个认证教练金姆·凯特柏，是四个孩子的妈妈。她认为自己所做的是"提醒和指导",不管是安排好日程的训练方式,还是循循善诱的方式,都是核心基础运动的完美补充。事实上,父母可以传给孩子的最有效的工具,就是意识。"他们意识到,"艾琳·罗说,"重力向下压迫我们,压迫所有人。孩子们知道我们必须抵抗这种压迫。在我们家里始终有这种意识氛围。"

提醒和指导孩子们保持有意识状态,就像告诉孩子起床、去外边玩一样简单。孩子们爬树、投球、跳绳、玩跳房子或跑来跑去,他们的身体不是分开的部件,而是一个整体,努力着伸长、长大和发展,并渴望精神旺盛地有力地运动。孩子们一旦启动,就不会想要停止。

提醒和指导也包含指出孩子们不好的姿势和不对的运动方式。这听起来也许像纪律,但孩子们可以领会。尤其是当他们注意到其他人有修正动作或改善支撑方式的需要时,他们会有所领悟。当听到孩子们评价他人支撑自己和运动的方式,或听到孩子们责备陌生人的压迫性身体和不平衡动作时,父母可能会感到由衷的欣慰。当你的孩子不重视你教的身姿和运动方式时,你可能不那么欣慰,但这至少显示出孩子们对你希望他们做的已经上心。就像你希望的,对错误运动的意识,以及相伴而生地对正确运动的意识,正成为他们的第二天性。

## 爱孩子，就记得提醒孩子

当然，孩子们的生活中有许多事情发生在家庭之外，并且不受你控制，这些事情会影响你将核心基础运动作为家庭价值观的努力。学校、朋友、社会压力，甚至最常见的儿童嗜睡问题也能对即使最强烈的意识产生破坏作用。金姆·凯特柏结合自己较广泛的经验观察到，压迫似乎真的会突然降临到八九岁大的孩子身上。八九岁大的孩子在学校坐着的时间更长，在课堂上遇到的智力挑战更难。大体上来说，学校在孩子生活中扮演着越来越重要的角色，你逐渐灌输给他们的有关运动的所有意识，并不能充分抵消更多静坐时间而非运动时间所带来的威胁。

同时，孩子十岁左右时，许多学校会让他们确定运动项目。如果他们选择了一项，那意味着他们每天放学后就会去练习，而且他们练习的是重复的动作，大部分练习没有锻炼到核心力量的扎实基础——用髋部转折，以及为脑后留出空间。当赛季来临，孩子们常常连续几个小时挤在轿车上或在小客车里颠簸。学校组织的运动也许能使孩子们保持活跃并教会他们合作和运动员精神，但对孩子的生理基础的打造并没有足够多的益处。

运动医生布伦南·贝兹对此表示赞同。因此他教授初中和高中运动员练习基础式、髋部转折，以及从身体核心启动运动。他提醒学生运动员如何以及在何处定位脚部，如何从骨盆的身体重心发起运动，不管他们是在踢足球中来回传球，还是在打篮球中投篮，或者在打网球中准备回球。当他的儿子练习钢琴时，布伦南就在那儿提醒他保持臀部向后、胸部向上。当他的女儿练习芭蕾时，他指导她提起胸腔，解压脊椎并支撑她的身姿。

艾琳·罗的做法很相似。当她的儿子或女儿在电脑旁时，她提醒他们坐高坐直。当她的孩子焦躁或恼怒时，她带着他们做解压呼吸，使他们安静下来，解压到一定程度。这就是在小事情上的提醒和指导方法，这些小细节会一直伴随着你。多年之后，你还能记起妈妈的声音，说着"坐直了""别在屋里玩球"。

在一些重要事情上也很有效。当她的儿子卡特学习如何髋部转折遇到麻烦时，艾琳找到了很好的解决办法。当轮到他为小团队击球时，基础式是卡特现在击球时的站姿。"做个像样的基础式姿势，卡特！"艾琳要求道。卡特将臀部后推，髋部转折，拉伸躯干，做了几个试挥，眼睛盯着投手，一点也不发怵。他很好地定位了本垒打的姿势，没人会怀疑卡特的本垒打。

提醒和指导是父母一直做的事情。当你告诉你的孩子今天不能吃糖块了，当你提醒他们睡觉前刷牙，当你教他们说"请"

和"谢谢",或给年纪大的人和残疾人让座时,你都在做提醒和指导的事。你提醒和指导他们是出于爱,是为了他们的生活更美好。这对你来说是很自然的,是为人父母应该做的。尽量自然地、出于爱地,提醒和指导他们要强壮、站高,不要蜷缩身体或让身体向下垮,而是在为了健康和生活而进行正确的运动时,对自己的身体充分感知。

# 第 9 章

## 每周练习计划

还记得压迫对你的身体结构完整性做了什么吗？它破坏了中轴骨骼和附肢骨骼之间的推-拉张力，因而危害到整个骨骼的工程设计，包括能够完成各种惊人动作的相连骨骼架构、将能量转化为运动和稳定所需力量的肌肉组织、将一切都连在一起的连接组织，以及将所有东西都包裹其中的筋膜。

显然，颠覆性的行为也破坏了骨骼架构的使命：骨骼架构要靠中轴和附肢骨骼间的张力来保持。它是个环绕的腔体，支持生理系统，"将生命吸入其中"。伴随着压迫，你做的恰恰相反：削弱了你的生理系统，并因而阻碍了健康和幸福。

其实，某种程度上，身体受重力压迫，但身体对压迫的自满性适应对下面部分或全部的生理系统有不利影响：

- 呼吸系统，受压迫的胸腔限制了肺部的扩展能力，因而削弱了你的呼吸，而受限制的呼吸会带来一系列有害的影响。
- 消化系统，被压扁的器官不能像应有的那样发挥功能，因而阻碍了身体从食物中吸收营养的能力。
- 循环系统，受到挤压的血管不能有效地将营养、氧气、二氧化碳、激素和血细胞传输到该去的地方，来抗击疾病和维持内部稳定。
- 神经系统，受压迫的脊髓和收缩的神经通路会放慢神经递质在中枢神经和四肢神经系统间往来传递信息的过程，也会破坏大脑的协调能力，影响所有身体活动。

你可以靠重新学习如何结构化地支撑自己和如何有力地运动来改变这一切，反转压迫带来的不利影响。目标很简单，就是将你的身体基础带回自然的状态，充满力量和灵活性。关于本书有几个争论，包括这样的回归是否有较强的可执行性，我们每个人天生具备这些能力的观点是否客观，还有回归的主要机制是否是身体自身。

启动这个过程，从小处开始，做基础性练习，并且每天坚持。

## 每天运动一会儿

本章的系列练习仅有一个目的,即启动核心基础运动,这样你就能够恢复你固有的、潜伏在你被压迫的身体核心里的力量和灵活性。这个练习仅需10~15分钟,不管哪个时间长度,运动量都不大。关键是练习频率。这里的成功不在于你练习一次多长,也不在于你做每个练习的强度有多大,而是源于你有多经常地重复这些姿势和运动方式。重复的频率对正确运动来说是个持续的提醒,是它教会你的身体发生改变。正是重复的频率,在你三年级时教会你乘法表,在你高中时让你在戏剧表演中口若悬河地说出台词。坚持每天短时间、小运动量的练习,这是你一生中持续远离伤痛、达到你想获得的健身水平的最好机会。每天一次练习就能发挥作用,每天两次更好。

通过六天的课程安排——周一到周六(或者你愿意怎样安排你的一周都行),这个系列训练将带你完成差不多所有在第二部分描述过的15个姿势和运动。为了便于你参照,我们将再次展示指导性图片。在第七天,也就是用于娱乐和家庭活动的一天,你的关注点是将你一周重复的练习带入你的日常活动中。下面就是一周安排。

| 周一、周三、周五 每个重复3次 |
|---|
| 1. 站立解压 |
| 2. 跨步解压 |
| 3. 啄木鸟式 |
| 4. 内侧腿部追索 |
| 5. 锚定桥式 |
| 6. 锚定背部伸展 |
| 7. 跪姿解压 |

| 周二、周四、周六 每个重复3次 |
|---|
| 1. 仰卧解压 |
| 2. 俯卧解压 |
| 3. 基础式 |
| 4. 啄木鸟式 |
| 5. 啄木鸟旋转式 |
| 6. 整合转折式 |

## 1. 站立解压

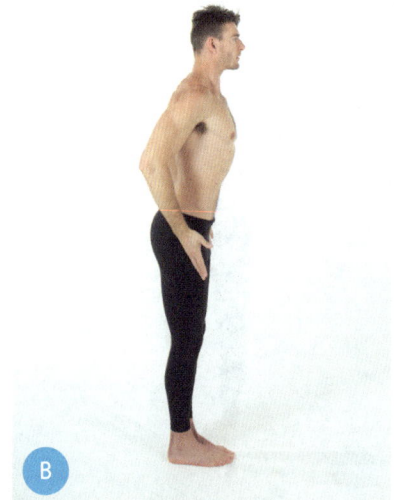

A. 站高，大脚趾球部贴在一起，脚后跟分开1英寸，和骨盆在一个平面。

B. 打开双臂，肘部略微弯曲。用上背部和中背部肌肉来扩展胸部。两个大拇指指向相反的方向。

C. 提升双臂的同时保持颈部放松。当双臂提升时，向上向后推动头部。扩展躯干，将大脚趾球部压紧地面。

**周一、周三、周五·每个重复 3 次**

## 2. 跨步解压

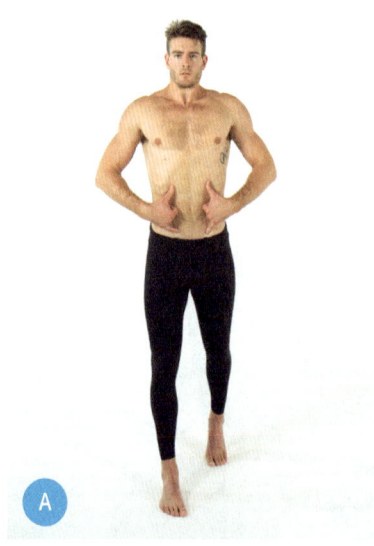

A. 站高，大脚趾球部贴在一起，脚后跟分开 1 英寸，和骨盆在一个平面。然后，一脚向前，一脚在后，站得高而有力，保持髋部方正。

B. 打开双臂，肘部略微弯曲。用上背部和中背部肌肉扩展胸部。两个大拇指指向相反的方向。

C. 提升双臂的同时保持颈部放松。双臂提起时，大腿内侧向身体中线夹紧。

周一、周三、周五 · 每个重复 3 次

### 3. 啄木鸟式

A. 成高位跨步站姿，髋部方正，前膝微屈，做 3 次解压呼吸。

B. 髋部向后转折，打开双臂和胸部，让前腿的后肌肉链承压。

C. 一旦你感到大腿后部肌肉和腰部拉伸，进而疲劳，便将双臂带到前面，进入更深的反向平衡。

D. 保持下颌回收，胸部上提，做 3~5 次解压呼吸。

**周一、周三、周五·每个重复 3 次**

## 4. 内侧腿部追索

A. 从仰卧解压的起始动作开始。

B. 抬起一条腿，从髋部到大脚趾内旋，然后把它放在另一条腿的胫骨上。

C. 用上面腿的脚后跟沿胫骨一直往上追索，直至到达膝盖骨或略微往上一点儿。保持内旋。

D. 用上抬腿的对侧手掌压向上抬腿的膝盖内侧，施以约10磅的压力。沿腿部内侧的锚定肌肉应该开始疲劳。当用脚跟沿胫骨一直追索向下时，维持同样稳定的内旋。另一侧重复此动作。

**周一、周三、周五・每个重复3次**

## 5. 锚定桥式

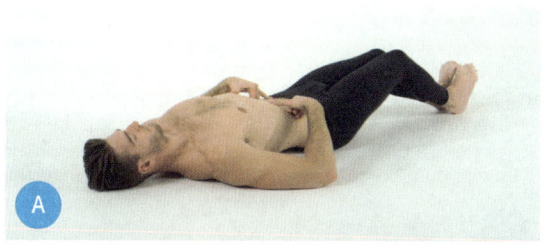

A. 从仰卧开始，腿内侧紧贴在一起，膝部略微弯曲，高度不超过胸部。

B. 将脚跟拖向髋部且不使脚跟产生真正的移动，快速激活腿后部肌肉。

C. 继续将脚跟拖向髋部，将髋部提升 1~3 英寸，同时夹紧双膝。

**周一、周三、周五 · 每个重复 3 次**

## 6. 锚定背部伸展

A. 从俯卧开始，双膝紧贴在一起，双脚抬离地面几英寸，双膝保持贴地。

B. 将下巴、胸部、手腕和肘部一起从地面拉起，同时将双膝夹紧。

C. 进行几次解压式呼吸，吸气时努力拉长躯干，呼气时保持高度和伸展；始终保持双膝夹紧。

**周一、周三、周五·每个重复3次**

## 7. 跪姿解压

A. 跪在垫子或浴巾上。保持身体重量压在膝部，脚趾轻触地面。如果脚趾抬离地面，努力保持住平衡。下颌收起，胸部提升。如果这个姿势很痛苦，放弃这个练习。

B. 髋部向后转折，躯干向上向前提升，平衡重心。保持身体重量压在膝部，保持脚部轻盈。

C. 将髋部拉向后部的同时，将双臂前举，对抗髋部的后折。进行解压呼吸的同时，保持力度，扩展躯干。

周一、周三、周五·每个重复 3 次

## 1. 仰卧解压

A. 以放松的仰卧姿势开始，然后将双脚双膝触碰在一起。如果无法使双脚双膝紧挨在一起，至少要保持将它们靠在一起的努力。

B. 双膝适度弯曲，帮助髋部和大腿内旋，直至腹股沟处的肌肉疲劳。保持这个姿势。

C. 夹紧大腿内上侧肌肉，不要夹紧臀部肌肉。在脖颈放松的前提下，将双臂提拉至胸前。深呼吸将扩张你的胸腔后部，使其更加贴合地面。

**周二、周四、周六・每个重复 3 次**

## 2. 俯卧解压

A. 以俯卧开始,将腿脚并在一起。在整个俯卧解压练习过程中,脚趾和膝部均应留在地面。

B. 将下颌和鼻子从地面拉起,不要伸展颈部往上看。保证颈部延长、下颌收起。双臂前伸。

C. 双臂前伸,双臂之间的宽度舒服即可。手指压向地面,将手腕和肘部拉离地面。你的腹部、颈部、胸部、双臂和肩部的肌肉应感到疲劳。这不是瑜伽体式中的眼镜蛇式或超人式的背部伸展。这个姿势意在延长脊椎,而不是伸展它。

周二、周四、周六 · 每个重复 3 次

### 3. 基础式

A. 以宽式站姿开始,双脚扎实地压向地面,做三次解压呼吸。

B. 打开双臂,扩展胸部,髋部向后屈到脚后。允许膝关节轻微解锁。膝关节必须保持在踝关节上面或后面。

C. 抬起双臂向前、向上,同时髋部进一步向后屈。

D. 一旦你感到髋部与双臂达到挑战性的反向平衡,保持这个姿势,做 3~5 次解压呼吸。

周二、周四、周六・每个重复 3 次

## 4. 啄木鸟式

A. 成高位跨步站姿，髋部方正，前膝微屈，做 3 次解压呼吸。

B. 髋部向后转折，打开双臂和胸部，让前腿的后肌肉链承压。

C. 一旦你感到大腿后部肌肉和腰部拉伸，进而疲劳，便将双臂带到前面，进入更深的反向平衡。

D. 保持下颌回收，胸部上提，做 3~5 次解压呼吸。

**周二、周四、周六·每个重复 3 次**

### 5. 啄木鸟旋转式

A. 成高位跨步站姿，髋部方正，前膝微屈，做 3 次解压呼吸。

B. 髋部转折向后，打开双臂和胸部，让前腿的后肌肉链承压。

C. 将双臂带到身前，全身重量压在前腿，朝前腿方向旋转 3~6 英寸，这样应该会让你的臀肌很快疲劳。

**周二、周四、周六 · 每个重复 3 次**

## 6. 整合转折式

A. 双腿站高，可以选择任何宽度。

B. 弯曲肘部，带动双手到耳侧。这是转折时保持胸部宽阔、背部强壮的另一个机会。

C. 在髋部的整个活动过程中，保持脊椎伸长、静止和稳定。每次进行 5~10 次整合转折式练习。

周二、周四、周六 · 每个重复 3 次

> 记住，在一些日常练习中，当你将双臂带到头顶时，可适当增加肩部追索练习。

六天的训练安排之外，在任何一天，当你需要坐较长时间时，优先并着重练习坐姿解压呼吸，定时重复。

## 第七天

不管你的第七天落在一周的哪一天,这一天的目标是将正确的运动方式应用到你的家庭活动中,并介绍给你的家人。

如果这是你做园艺的日子,专注于将跪姿解压和整合转折式融入你的动作中。

如果你正同你的孩子玩耍,在孩子们骑自行车或投篮时,提醒他们练习解压呼吸。

如果你将这一天用来运动,不管在运动场、球场、泳池或其他任何地方,都要对你过去六天来练习过的姿势和动作保持感知,把之前的练习作为今天运动的预演。提醒你自己,能量的踏板在骨盆,完全扩展你的胸腔,让身体充满能量。

即便你的第七天只是安排了早午餐和漫步,也要时刻记得让空气前后左右充满整个胸腔,让你的躯干伸长且强壮,下颌后收,胸部向上,脑后留下空间,从脑后到尾骨形成一条拉长且笔直的线。

## 热身活动之母

在最初的90天,如果可以,除了每天专注10~15分钟的练习之外，让核心基础运动的成套动作成为你健身前的热身。不管你喜爱的是什么健身活动，水上运动、尊巴舞蹈、CrossFit、高尔夫、跑步或者力量训练，将核心基础运动当作热身活动，能开启正确的肌肉，关闭错误的肌肉。大多数热身活动只是加快你的心跳，而用核心基础运动热身能使你的身体真正准备好，使接下来的运动更顺畅，而这才是真正的热身该有的作用。

同时，这项热身可以帮助你的身体避免回到那些曾经适应了的不当姿势。

## 身体的改变正在发生

有人曾说过："想想邮票，它确保成功的方式是黏住一个东西，直到它到达该去的地方。"相似地，一开始，重新训练你的身体基础要靠你坚忍不拔地重复每天的小运动量练习。通过最初三个月的练习，你将完成身体姿势和运动的实质性重塑，同时你也会感到你的力量和灵活性有了很大不同。

你将注意到的最大的不同，很可能是你对如何支撑自己或者在任何特定时刻的运动方式，拥有更快、更敏锐的敏感度。由于你的身体已经适应了自身，回到与它的自然能力同步，所以当你回落到与你的身体能力不同步的姿势和运动方式时，你的身体将会开始提醒你。肌肉和关节已经开始重新适应真正的目的和功能——肌肉抵抗重力以保持身体直立向上，关节用于流畅的转折运动。当肌肉和关节被强迫回到它们过去适应了的工作方式时，它们会提醒你。髋部已经越来越成为你身体的支点和运动的起始点，如果你让背部或腿部取而代之去完成那些任务，髋部可能会"抱怨"。你的身体告诉你，它已经开始重新适应了正确的运动方式，当你做错的时候，你的身体会知道。

90天之后，重新适应将逐渐成为新的常态——或反过来讲，以前的正常方式回到它属于的地方——而你已经重新学会的姿势和运动方式将逐渐成为自动的行为。坚持每日小运动量的基本练习——15个基本的姿势和运动方式，会继续支持你身体的自然力量和灵活性，并伴随一生。

你可能想要更深入地探索核心基础运动，扩展你全部的运动本领和可能性。访问我们的网站 www.foundationtraining.com，你会看到各种方式方法。在网站里你可以发现视频指导的入口、工作坊的安排、全世界核心基础运动认证教练的联系信息、我们的博客和社交媒体链接。

为什么要更深入呢？原因之一是任何形式的身体锻炼方法都会有瓶颈期。我们进一步深入是为了将峰顶向前推动，成长得更强壮、更灵活，跨过一个又一个高峰。另一个要更深入的原因是让它针对你特定的目标发挥作用，也许是为特定的体育项目发展更强的能力，也许是为了某项针对你的性别、年龄或特定身体状况的活动。

这本书是核心基础运动的基础部分，它所展现的动作可以帮助您终生保持自然的强壮和灵活性。它也可以成为更具体、更彻底并且更有扩展性的身体训练的起点。

重要的不是你的目标有多大，而是时时刻刻记住下面这些基本要点：当你向上拉动中轴骨骼时，提起你的躯干；用尽可能多的肌肉支撑你的髋部；用双脚抓住地面；扩展胸腔，并让每次呼吸把它充满。用我的导师和朋友提姆·布朗博士的话讲，永远"站高"。

谢谢阅读本书。

# 致 谢

谢谢你、你，还有你！

如果只有我一个人，核心基础运动是没有机会成功的。我要感谢下面这些出众的人，是他们多年来伴随着核心基础运动，为了长远的发展而将生命投入这个组织，投入我们想法的实施中。作为一个团队，我们已经帮助了成千上万的人与生活中面对的最大挑战——维持垮掉的身体做斗争。所以，太多的爱要给予贾斯汀、布莱恩、伊恩、艾琳和其他所有人，谢谢你们！

这是一个很长的名单：

凯伦·里纳尔迪：可爱、出众的女性，在这个令人生畏的行业里，你对我来讲就是真理和教诲的支柱。我感到自己像是你和乔尔的密友，是罗科、乔治和文斯的充满求知欲的长兄。无法用语言表达这一切，但我知道，总体来说，你在事业、耐心和生活方面都有着正确的方向。希望你在我们冲浪时也能更好地掌握方向！我深深地爱着你，感谢你付出的每一分努力，使核心基础运动能够脱颖而出，成为健康和医疗领域的领先理论。

苏珊娜·玛格丽丝：你是一个多么令人惊叹的作家呀！将我毫无意义的沉思拿走，赋予它们意义，并且使意义深化，这是很了不起的事情。这本书得以面世完全取决你的技能、出众的头脑和电话里悦耳的声音。太感谢你了，真的！这对我来讲是美梦成真。

贾斯汀·戴瑞克博士：我发现我们都已35岁，但还能每天工作在一起，玩在一起。感谢你这么多年来的创意、忠诚、支持和友谊。这些日子我们已经做了相当了不起的工作。特别感谢你在本书中创作的那些解剖图，把控核心基础运动的形象设计的总体方向。无法想象你是怎么做到的。

伊恩·希尔福伯格：我们事业里唯一的一个生意人。过去的四年里，和你一起工作真是让我大开眼界。核心基础运动社区旨在尽我们所能有效率地帮助人们，在多年期待中，社区已逐渐成型，一路走来，充满欢乐。感谢你给了我们这些年轻人可以倚重的榜样。谢谢考特尼和孩子们，他们把你这么多的时间借给了我们。

提姆·布朗博士：当我与传奇人物布朗博士一起闲逛、玩音乐和看病人时，我感觉自己酷到了极点。我还记得几年前看你讲演，下面至少坐着上百名医生，当你微笑着结束你的演讲时,你说了一句:"关于这次演讲,如果你要记住一件事,那应该就是这本书。"然后,你挥了挥《核心基础运动》那本书。真不敢相信!感谢你对我的支持。

珍妮·塞拉斯:感谢你的爱、容忍和支持。谢谢和你一起度过的那些充满食物、按摩、冲浪和野营的幸福时光。谢谢你成为我的最佳生活伴侣。谢谢你在旅行和工作中带给我的快乐。我们做得相当出色!

乔·默克莱博士:感谢我们的友谊。你对核心基础运动的影响立刻就能感知到。你对健康社区的影响已经改变了许多人的头脑,帮助了许多生命,推进了许多人的事业发展,就像对我的影响一样。非常感谢你的好意、支持和激励。

彼得·帕克:2009年到2013年期间你提供的平台简直太棒了。你在力量和训练方面的工作完全到了另一个境界,就像你令人羡慕的客户水准。经历了起起伏伏、各种事情,我一直珍视你的为人。一个天才的运动员、忠诚顾家的好男人,也是一个能够与世界分享理论的了不起的合作伙伴。

艾琳·罗:感谢你帮助创建并组织完成了我们绝对世界级的核心基础运动认证活动。这四天的认证活动是我们工作的命脉,而每个我们教过的认证教练都由于你的工作有了越来越好的体验。你带给核心基础运动这么多,你应该获得加薪,快与伊恩谈谈。

特瑞·施罗德博士：回首做你的实习生、训练美国男子手球队的岁月，我找到了自己心智和自信的成长轨迹。你带给了我如此迷人的经历。谢谢你！

"叔叔"葛兰·古德曼博士：你给了我最初开启健康职业生涯的激励。我无比热衷于你的生活观，你投入在康复身体、冲浪、爱和大笑方面的努力和精力，非常感染人。现在我们甚至工作在一起，教授人们健康的运动方式和生活习惯。这太棒了！

布莱恩·金：五年时间里，你帮我将核心基础运动带进更深入的领域、更好的运动和更完美的呼吸……在教授和教育人们感受什么是需要他们做的方面，你有着与生俱来的能力。我一直希望培育这种能力，让它成长，并看到你越来越多地与世界分享你的天分。

凯琳·多尔蒂：你以各种方式促进了核心基础运动的发展！我替伊恩和提莎感谢你，感谢你将我的世界变得更美好，还要感谢你与我的整个团队分享你令人着迷的善意。

提莎·格林格、凯利·克里斯坦森、珍娜·迪克曼：谢谢你们幕后的支持，并且在创建核心基础运动之旅中保持轻松、愉快和游戏的能力。你们的能力和能量永远值得赞赏。

金姆·凯特柏：感谢你代表我们主力团队正在投入的各种

努力。我真的享受你在周围的感觉。在你完成认证后，将你带进团队是我为核心基础运动做的很棒的决定。

格尔·戴萨特：感谢你推动核心基础运动成为世界级的认证课程，还要感谢你成为第一个认证教练。

查德、肖恩、米娅和谢恩：感谢你们成为世界级核心基础运动的一部分，感谢你们如此善意地分享你们笃信的想法。

艾森·斯图尔特和布鲁诺·特维斯：感谢你们为这本书设定了基调，提出有效的问题，并且容忍我不断地改变主意。艾森，你是我遇见过的最天才的记者和语言大师之一。布鲁诺，要有耐心，作为一个年轻人，一个学习冥想、按摩、核心基础运动和很多其他东西的前途无量的学生，你有如此多的能量和天分可以分享，但不要着急，还要花些时间。感谢你们两位花在这个项目上的时间。

布莱德和芭芭拉·古德曼：在你们的环绕中我健康成长，并成为一个男子汉，这个过程伴随着许多欢乐。成为你们的儿子我是中头彩了，对此，毫无疑问。到现在，五年来投入到整个事情里，我看到你们两个帮助教授核心基础运动工作坊和课程，向你们所有的朋友宣传，甚至你们自己也每天实践它。这个感觉真好，我爱你们！

西瑟、瑞恩和蒂根·福里斯特：你们都太棒了。我很感恩在过去几年里我有机会多次见到你们。你们坚不可摧的关系和出色的人格给我树立了榜样，谢谢你们。

冲浪社区：感谢你们愿意实践我的作品。我发誓就是因为团队中的几个家伙练习核心基础运动，我的工作才获得些起色。我很感激我开始冲浪，并且感激世界各地其他喜欢冲浪的伙计们，他们懂得享受和尊重海洋。请继续捡拾海边的垃圾，注意水中的其他冲浪者，尽你所能经常享受这大好时光。

医疗社区：感谢你们的开放意识，愿意尝试新的东西，意识到有时身体本身足够强壮，可以从相当糟糕的情况中自我恢复。核心基础运动与多门学科交叉，也跨越了纯运动的边界。我对于在极端案例以及各种不同的医疗领域使用我的方法抱有巨大的热情。每个人，去拥抱你们的医生吧。

致那些提供推荐、引述和支持的人。如果你与你的朋友、家人或同事分享我的工作，我在此深表谢意。尝试找出与人分享的方式真是一个神奇之旅。

特别感谢马丁·瑞德（Martin Reader）在本书中充当模特，他是奥运会运动员和StriveLife Athletics的联合创建者。

最后，致我那破损并垮掉的脊椎：一开始你糟透了，但现在你棒极了，我感谢你过去十几年间提供的逆境。

## 译者后记

说实话,有点后悔当初跟作者古德曼博士说大话了,承诺要将他的第二本书以最好的品质引进到中国,并亲自翻译。结果发现,因为不是我出版,品质只能建议,不能控制;翻译能够控制,但真不是个好差事,属于耐力项目。幸运的是,图书出版方属于稳扎稳打型,对图书品质把控严格,使我得以按自己的进度按部就班地翻译。

核心基础运动使我受益匪浅!之前由于腰痛,我接触和学习过两三种康复训练方法,最终是通过练习核心基础运动帮我治好了腰痛,它也是我职业轨迹改变的触发点。

2013年,我们全家搬到了美国加州。当时的我对于未来并没有清晰的规划和憧憬,基于对运动的热爱,就去加州大学圣地亚哥分校报了个"运动与训练科学"成人教育项目。上运动损伤课时,我请教授推荐一个腰部康复训练机构,老师推荐的机构很高大上,我浅尝辄止,但在这个过程中,我偶然知道了核心基础运动这个小众的方法。我想一定是缘分，让我从最初它的客户，到身体康复，又继续训练一年，参加了认证教练培训，最终成为教练；进而感觉专业基础单一、不够系统，又参加了美国训练协会的学习并成为认证健身教练；再到翻译本书，改变职业轨迹，成为健身训练服务领域的创业者。

核心基础运动有什么魔力吗？先看理念，核心基础运动是全球为数不多，聚焦脊椎，关注核心，为"pain to performance"而设计的训练型康复方法。它介于医疗和健身之间，帮助康复，并授人以渔，让人们掌握之后可以终身受益。它与我对事物的偏好非常契合，纯粹（pure）、聚焦（focus）和品质（quality）。再看人，这七八个人组成的小团队，紧紧团结在古德曼博士身边。不少健康、健身界的大佬都给过他建议，可以发展得更大、更快一些，他不为所动，继续按自己的步调前进。通过与他的深谈，我切身体会到，他对品质的承诺是如何付诸行动的。他跟我说："我团队里的每一个人也同我谈过同样的话题，都被我一一摁住了。"他把品质看得最重，为此愿意花更多的资源和时间，不断钻研、完善训练方法，朝着既定的企业愿景迈进。

在跨国企业从商多年的经历让我意识到，核心基础运动是小而美的典范，因聚焦而深刻，拥有独特的竞争优势，我决定将它作为新事业的起点。同时，我发现核心基础运动展现了它很酷的一面，无论在高山之巅、大洋之畔，还是滑雪场、电影片场、自家后院，无论是登山者、赛车手、运动员，还是演员、学生、老人、儿童，都在show自己的招牌动作。自然、人文与人的完美身姿相融合，有种纯粹的美。

再回到这本书，它是脊椎康复训练的圣经，将原理和训练方法融为一体。这本书带你发掘身体伤痛、失衡和虚弱的根源，系统教授你整套训练方法，并帮助你应用到日常生活和训练中，让你获得力量、健康和运动的自由。书是作者思想和灵魂的体现，我也有幸目睹了这段思想和灵魂之旅。

感谢亲朋好友的支持、鼓励，感谢编辑的信任和指导，让我顺利完成此书的翻译工作。

穆军
于北京

图书在版编目（CIP）数据

日常生活中的核心基础运动 /（美）埃里克·古德曼著；穆军译. -- 北京：北京联合出版公司，2017.9（2024.12重印）
 ISBN 978-7-5596-0539-9

Ⅰ. ①日… Ⅱ. ①埃… ②穆… Ⅲ. ①健身运动—基本知识 Ⅳ. ①G883

中国版本图书馆CIP数据核字(2017)第135249号

TRUE TO FORM: How to Use Foundation Training for Sustained Pain Relief and Everday Fitness,
Copyright © 2016 by Dr Eric Goodman.
Published by arrangement with HarperCollins Publishers.
Simplified Chinese edition published by 2017 Ginkgo (Beijing) Book Co., Ltd
简体中文版由银杏树下（北京）图书有限责任公司出版

## 日常生活中的核心基础运动

| | |
|---|---|
| 著　　者：［美］埃里克·古德曼 | 译　　者：穆　军 |
| 出 品 人：赵红仕 | |
| 选题策划：后浪出版公司 | 出版统筹：吴兴元 |
| 特约编辑：徐　娇　李婉莹　张　岳 | 责任编辑：张　萌 |
| 营销推广：ONEBOOK | 装帧制造：墨白空间·张静涵 |

北京联合出版公司出版
（北京市西城区德外大街83号楼9层　100088）
北京盛通印刷股份有限公司印刷　新华书店经销
字数106千字　720毫米×1030毫米　1/16　印张13.5　插页4
2017年11月第1版　2024年12月第3次印刷
ISBN 978-7-5596-0539-9

定价：52.00元

后浪出版咨询(北京)有限责任公司　版权所有，侵权必究
投诉信箱：editor@hinabook.com　fawu@hinabook.com
未经书面许可，不得以任何方式转载、复制、翻印本书部分或全部内容
本书若有印、装质量问题，请与本公司联系调换，电话010-64072833